Melanie Verwoerd • Sonwabiso Ngcowa
Südafrika mit 21

P H
V

MELANIE VERWOERD | SONWABISO NGCOWA

Südafrika mit 21

Die erste freie Generation erzählt

Aus dem Englischen von Stephanie von Harrach
Übersetzung des Vorwortes von Jutta Himmelreich

Peter Hammer Verlag

Inhalt

Dieses Buch ist den jungen Erwachsenen in Südafrika und Afrika gewidmet.

Vorwort

MELANIE VERWOERD UND SONWABISO NGCOWA

Am 26. April 1994 schaute die Welt auf Südafrika. Nach Jahrzehnten der Unterdrückung und unsäglichem Leid standen die Zeichen nun auf Wandel. Drei Tage lang warteten Menschen in sich kilometerlang um Wahlbüros windenden Schlangen auf die Gelegenheit, ihre Stimme abzugeben. Millionen von Südafrikanern war erstmals in ihrem Leben die Freude vergönnt zu wählen. Erzbischof Tutu sagte damals: „Die Freude in Worte fassen zu wollen, die man empfindet, wenn man zum ersten Mal wählen darf, kommt dem Versuch eines blind Geborenen gleich, die Farbe Rot zu beschreiben." Mit Nelson Mandela als unserem frisch gewählten Präsidenten brach eine Ära des Optimismus, der Hoffnung, der Zuversicht an.

Als Regenbogennation feierten wir unsere neue Freiheit gebührend. Nachdem unser Ansehen in den Augen der Welt wiederhergestellt war, nachdem wir wieder Zugang zum internationalen Sport, zur internationalen Kultur erhielten, spürten wir den Neuanfang. Dabei richtete sich unsere größte Hoffnung auf die Zukunft, auf ein besseres Leben insbesondere für die junge, nach 1994 geborene Generation der „Frei Geborenen", wie sie bald hießen. Mandela formulierte es anlässlich des Festakts zum Tag der Jugend am 16. Juni 1995 so: „Diese Generation steht auf der Schwelle zwischen einer Vergangenheit von Unterdrückung und Unterwerfung und einer Zukunft in Wohlstand, Frieden und Harmonie."

Während wir diese Zeilen schreiben, ist uns bewusst, dass die Bezeichnung „Frei Geborene" höchst umstritten ist. Viele junge Menschen wehren sich gegen dieses Etikett, nicht zuletzt, weil sie nach wie vor in Armut leben. Ein „Frei Geborener" formulierte es uns gegenüber so: „Wie kann man uns ‚Frei Geborene‘ nennen, wenn wir unter solchen Bedingungen leben?"

21 Jahre später sind unsere Demokratie und die in ihr geborenen Menschen „erwachsen" geworden. Auch wenn 21 sein heute keine juristische Relevanz mehr hat, symbolisiert dieses Alter nach wie vor einen wichtigen Übergangsritus. Wandlungen geben immer Anlass, sich Gedanken zu machen, über die Vergangenheit, die Gegenwart, die Zukunft. Für den Einzelnen, der seinen 21. Geburtstag feiert, gilt das ganz gewiss. Auch auf politischer und sozialer Ebene heißt es in einer Zeit des Wandels, sich vor Augen zu führen, was unser Land hinter sich hat, wo es heute steht und was die Zukunft bringen könnte.

Fragen zu unserer gemeinsamen Vergangenheit, Gegenwart und Zukunft standen für Melanie im Vordergrund, als ihr die Idee zu diesem Buch kam. Ihre Begegnung mit Sonwabiso war der erste Schritt auf der Reise, die schließlich zur Entstehung dieses Buchs geführt hat. Unterwegs war uns immer bewusst, dass schon unsere Zusammenarbeit den Wandel spiegelt, den Südafrika in den vergangenen 21 Jahren durchlebt hat. Melanie ist in einem der grünen Vororte Stellenboschs groß geworden und hat während der Apartheid als privilegierte Weiße gelebt. Sonwabiso kommt aus Mpozisa, einem Dörfchen in der Provinz Ostkap. Obwohl uns zehn Jahre Altersunterschied und unsere sehr unterschiedliche Herkunft trennen, setzen wir uns beide für Südafrikas sozialen Umbau ein.

Wir waren neugierig, wollten erfahren, wie es um unsere Demokratie steht, welche Wünsche und Ziele junge Menschen in Südafrika haben, und wussten, die Geschichten der zeitgleich mit Südafrikas Demokratie Geborenen (nach Salman Rushdie sozusagen unsere *Mitternachtskinder*) würden uns die Fragen näherbringen, die wir (und andere) über den Zustand unserer Demokratie stellen. Also sind wir auf die Suche nach 21-Jährigen gegangen. Die haben uns bereitwillig ihre Lebensgeschichten erzählt und uns tapfer ihre Ängste, ihr persönliches Leid offenbart. Auch sie haben wir das gefragt, was uns bewegt.

Wir wollten wissen, wie anders man lebt, wenn man nach 1994 geboren, nicht in der offiziellen Apartheid aufgewachsen ist. Auf ganz persönlicher Ebene haben wir uns gefragt, ob diese Generation andere Träume und Erwartungen hat als wir damals, in ihrem Alter. Auch wollten wir mehr über ihre Ansichten und Erwartungen auf politischer und öffentlicher Ebene erfahren. Dabei waren wir immer darauf bedacht, den jungen Menschen Raum zu lassen, sich selbst zu definieren, statt sich unseren Definitionsversuchen zu fügen. Wir haben uns bemüht, ihren Geschichten weder uns noch unsere Einschätzungen aufzudrängen.

Obwohl wir, unseres Erachtens, schon viel über unser Land und seine Jugendlichen wissen, waren wir uns von Anfang an einig, auch uns nicht vertrauten Welten gegenüber offen zu sein. Eine ungemein hilfreiche Entscheidung. Wir hatten beide nicht damit gerechnet, dass unsere Begegnungen mit den jungen Menschen uns so tief berühren würden. In beinahe jedem Interview gab es einen unvergesslichen Moment, einen Satz, eine Anekdote – der Junge, dessen Mutter in Kapstadt ihm jedes Jahr einen Plastikstuhl geschickt hat, damit er in seiner Schule im Ostkap sitzen konnte; die junge Lesbierin, die uns von ihrem nur wenige Tage vor unserem Interview unternommenen Selbstmordversuch erzählt; die verurteilte Mörderin, die in Tränen ausbricht, als wir sie nach einer Zeit fragen, in der sie glücklich war; und die Sexarbeiterin, die uns ihr Gesicht zeigt, vernarbt infolge erlittener Schläge.

Die Auswahl der hier versammelten Geschichten grenzt die komplexe Demografie Südafrikas nicht ein, sondern versucht, „Rasse", Geschlecht und sexuelle Orientierung repräsentativ darzustellen. Während des Auswahlprozesses war uns klar, dass wir Gefahr laufen könnten, Stereotypen aufzugreifen, wollten aber keineswegs ein Buch schreiben, das vorgefertigten Meinungen über junge Menschen in unserem Land das Wort redet. Entsprechend haben wir Geschichten ausgesucht, die sich auf ihre ganz eigene Weise von bereits allgemein Bekanntem unterscheiden.

Das Buch ist keine Studie. Es ist eine Zusammenstellung zutiefst persönlicher Erzählungen, die uns ein Stück weit Einblick geben in die Erfahrungen, Hoffnungen, Wünsche und Ziele vieler junger Menschen in unserem Land und in die Widrigkeiten, mit denen sie auf ihrem Weg durchs Leben zu kämpfen haben.

Die Geschichten spiegeln die Komplexität und die Vielfalt unserer Gesellschaft.

Jenna zum Beispiel, eine erfolgreiche junge Frau aus eher privilegierten Verhältnissen, war stellvertretende Schulsprecherin und sehr aktiv. Mit 16 wurde sie plötzlich kurzatmig und zusehends schwächer. Nach einer 18-monatigen Odyssee von Arzt zu Arzt und vielen Fehldiagnosen kam schließlich der Befund pulmonale Hypertonie, Lungenhochdruck im fortgeschrittenen Stadium, tödlich. Jennas Gesundheitszustand verschlechterte sich rapide, und zu der Zeit, als wir sie interviewten, bedurfte sie dringend einer Transplantation beider Lungenflügel. An eine Herz-Lungen-Maschine angeschlossen, gründete Jenna eine Stiftung – *GetMeTo21* – und erzielte eine erstaunliche Wirkung.

Yonela ist Rapperin und Künstlerin. Und sie ist lesbisch. Als

Kind war sie sehr gut in der Schule und gewann einen landes-
weiten Rapwettbewerb. Sogar ins Parlament wurde sie eingeladen. Doch dann verschwindet ihre ältere Schwester. Ein Jahr
lang sucht sie nach ihr, bis die schreckliche Nachricht kommt.
Yonela lebt heute in Angst um ihr Leben, ihrer sexuellen Orientierung wegen. Trotzdem engagiert sie sich unerschrocken und
bekommt ihre Angst und Wut mithilfe ihrer Kunst und ihrer
Musik in den Griff.

Marcellino lebt in Heideveld, in den dicht besiedelten und
wegen Bandenwesens und Drogenmissbrauchs verrufenen Cape
Flats in der Provinz Westkap. Er hat siebenmal in seinem Leben
die Schule gewechselt, wuchs ohne positives männliches Vor-
bild auf und behält trotzdem beharrlich das Ziel im Auge, etwas
aus seinem Leben zu machen. Er gibt benachteiligten Kindern
Musikunterricht. Er spricht sehr bewegend darüber, wie er seine Geschwister großzieht, seit er sieben ist – sie aus der Krippe
abholt, ihnen Abendessen kocht, sie wäscht, badet und dann zu
Bett bringt, bevor er seine Hausaufgaben macht und auf seine
Mutter wartet, die abends um acht von der Arbeit heimkommt.

Wandisa hat schon fast zwei Jahre ihres Lebens im Polls-
moor-Gefängnis verbracht, weil sie mit 16 eine Frau getötet hat.
Sie wuchs zwar in einem streng religiösen Umfeld auf, hat von-
seiten ihrer Eltern aber vor allem Vernachlässigung erlebt. Sie
spricht offen und ehrlich darüber, wie es zu dieser Tat gekommen ist, zu jener unglücklichen Mordnacht, sie berichtet über
ihre Zeit im Gefängnis und über ihre Begegnung mit der Familie des Opfers. Wandisa setzt die Bruchstücke ihres Lebens nach
und nach neu zusammen und träumt von einer Zukunft, in der
sie mit Kindern arbeiten kann.

Joost wuchs in der ausschließlich von Weißen bewohnten
Afrikaaner-Enklave Orania auf. Er studiert zurzeit an der North-
West University und gibt uns einen faszinierenden Einblick in

das Leben in einer zurückgezogenen Gemeinschaft, die eigene gesetzliche Feiertage und sogar eine eigene Währung hat. Ohne Vorbehalte erläutert er die Philosophie, auf der Orania basiert, erzählt, wie er mit dem multikulturellen Umfeld an der Universität vertraut wurde, und schildert, wie Kommilitonen reagieren, wenn sie hören, dass er aus Orania stammt.

Ishmael wuchs als gläubiger Muslim in Australien auf, nachdem seine Eltern, Gegner der Apartheid, dorthin ausgewandert waren. Seit es in Australien zunehmend schwieriger wurde, ihre Religion auszuüben, beschlossen Ishmaels Eltern 2013, dass es an der Zeit sei, nach Südafrika zurückzukehren. Ishmael spricht mit sehr viel Hingabe über seinen Glauben, über sein ehrgeiziges Ziel, eines Tages Kricketprofi zu werden, und über die Herausforderung, dass er sich in die Gesellschaft einpassen muss, damit er sich eines Tages dazugehörig fühlen kann.

Kgothatso und Kgoso sind Zwillingsbrüder aus Diepsloot, Soweto. Beide hatten eine glückliche Kindheit, wuchsen bei einer Urgroßmutter und einer Großmutter auf. Eines Tages lernen sie Rosemary Nalden, die Gründerin des Buskaid-Soweto-String-Ensembles, kennen und gehen, auf deren Anregung hin, zu ihr in die Musikschule. Eine Entscheidung, die ihr Leben verändert. Heute sind beide Streicher im Buskaid-String-Ensemble. Rund um den Globus haben sie schon Konzerte gegeben, auch in der Londoner Royal Albert Hall. Beide studieren zurzeit und haben große Träume.

Zelda, die attraktive, wortgewandte junge Frau, die wir in einem Park in Goodwood getroffen haben, verdient sich ihr Geld als Cross-Gender-Sexarbeiterin. Sie sprach mit uns über ihre schwierige Lage, ihren Kampf mit ihrer Sexualität und über ihren Lebensweg, der sie aus einer Privatschule hinaus und in einen Plastikverschlag unter einer Brücke geführt hat, in dem sie heute lebt, in permanenter Gefahr. Dabei wünscht sie sich einfach nur eine Geschlechtsumwandlung, will heiraten, Kinder adoptieren und Hausfrau sein.

Andisiwe tanzt für ihr Leben gern Ballett und zeitgenössischen Tanz. Ihre Chance, nach London zu gehen, wurde vor drei Jahren durch einen Vorfall zunichte, aus dem man auf Korruption im Innenministerium schließen könnte. Andisiwe bekam keinen Pass. Jemand scheint ihre Identität gestohlen zu haben. Andisiwe lebt mit ihrer arbeitslosen Mutter und ihrer Schwester zusammen, die in einem Restaurant arbeitet. Das Abitur hat sie zwar nicht geschafft, will aber wieder zur Schule gehen.

Phumelelo wurde sehr früh in die Welt der Erwachsenen eingeführt. Schon mit 13 hatte er zum ersten Mal Sex. Er arbeitet sehr hart, um seine dreijährige Tochter zu unterstützen, und lebt bei seiner Mutter in Soweto. Sein Vater starb, als Phumelelo in der achten Klasse war. Aber er fand Liebe in der Musik. Heute spielt er im Buskaid-Soweto-String-Ensemble. Er war bereits mehrmals im Ausland.

Siviwe lebt mit seiner Mutter, seinem jüngeren Bruder und seiner älteren Schwester zusammen. Als Zwölftklässler hat er seine Freundin geschwängert, trotzdem möchte er seinen Traum wahr machen und Sportwissenschaftler werden. Was Schulen angeht, hat Siviwe das Schlimmste vom Schlimmsten und auch das Beste vom Besten erlebt. In einem Dorf am Ostkap ging er in die Kinderkrippe, dann auf eine der besseren Schulen in Kapstadt – Rosebank College.

Nosiphe und Nosimphiwe sind Zwillinge aus einer Familie mit elf Kindern. Ihre Mutter starb vor drei Jahren. Im Jahr davor starb ihr älterer Bruder nach einem tätlichen Angriff in einer Kneipe, einem Shebeen. Die Zwillinge wurden beide schwanger, als sie noch auf der Highschool waren. Sie haben die Schule zwar abgebrochen, sagen aber beide, dass sie Mütter geworden sind, hat ihre Träume nicht zerstört, nur aufgeschoben.

Jaime studiert an der Universität Stellenbosch. Sie hat zwei Mütter und zu ihrem Vater ein gutes Verhältnis. Dass sie einen besseren Einstieg ins Leben hatte als viele andere schwarze Kinder in Südafrika, vor allem im Vergleich zu Kindern aus den Townships, ist ihr bewusst, sagt sie.

Noluvos Eltern lebten in Khayelitsha, als sie zur Welt kam. Sie hat noch gut in Erinnerung, dass sie, im Alter von sechs Jahren, ihren Vater zur Taxihaltestelle begleitet hat. Der hatte der Familie gesagt, er habe Arbeit in Johannesburg gefunden. Und kam nie wieder. Noch als Kind zog Noluvo zum Arbeitgeber ihrer Mutter in St. James. Sie hat ausschließlich englischsprachige Schulen besucht und muss sich dafür in Khayelitsha als Kokosnuss bezeichnen lassen. Noluvo macht eine Ausbildung, will Chefköchin werden. Sie liebt ihre einjährige Tochter über alles.

Siphosethu ist eine junge Geschäftsfrau. Nachdem sie ihr Diplom in Modedesign in der Tasche hatte, machte sie sich selbstständig. Sie führt ihre Firma von zu Hause aus und träumt und hofft, eines Tages eine eigene Boutique und einen Friseursalon zu haben.

Auch wenn diese Geschichten sich deutlich voneinander unterscheiden, kristallisierten sich im Laufe der Monate, in denen wir die Interviews gemacht haben, bestimmte Themen heraus.

Ein Faden, nämlich der der zerrütteten Familie, zog sich durch alle Interviews und zeigt sich (von einigen bemerkenswerten Ausnahmen abgesehen) entweder im völligen Fehlen oder, sofern anwesend, als zerstörerischer Faktor: die Vaterfigur im Leben der Kinder. Nur fünf der Interviewten hatten ein intaktes Familienleben. Dass die Eltern der meisten Kinder entweder geschieden waren oder getrennt lebten, bereitete uns nicht die größte Sorge. Eine Scheidung macht jüngeren Menschen zweifellos am meisten zu schaffen. Was uns aber wieder und immer wieder auffiel, fanden wir viel besorgniserregender als sich trennende Eltern. Oft ernteten wir entgeisterte Blicke mit unserer Frage danach, ob es im Familienkreis häusliche Gewalt gab oder gibt. Zu oft war die Antwort: „Natürlich!" Fast beiläufig erwähnten die Kinder, dass Mütter geschlagen und sexuell missbraucht werden. Ein junger Mann brachte den Schmerz, den Hass, den viele junge Leute durch und für ihre Väter empfinden, vielleicht am besten auf den Punkt, als er auf die Frage, ob sein Leben anders verlaufen wäre, wenn er seinen Vater gekannt hätte, antwortete: „Ja, klar. Es wäre noch schlimmer gewesen."

Das zweite Thema sind die Bemühungen der jungen Menschen um Bildung. Nie hatten 21-Jährige Zugang zu so vielen Informationen wie heute, und dennoch ist vielen dieser Zugang verwehrt. Die schulische Bildung, die vor allem schwarzen Lernenden zuteilwurde, hat ihnen den Weg zu weiterführenden Schulen nicht geebnet und ihnen auch keine Ausbildung ermöglicht. Regierungsangaben zufolge sind 2,8 Millionen junge Menschen zwischen 18 und 24 weder in einer Bildungseinrichtung, noch haben sie Arbeit oder eine Ausbildung.

Acht der hier in diesem Buch versammelten 21-Jährigen haben die Schule vor der zwölften Klasse verlassen. Aus unterschiedlichen Anlässen, aber für nicht wenige von ihnen waren Armut und die zu Hause oder in der Schule fehlende Unterstützung der Grund. Drei haben zwar das Abitur, gingen aber an keine weiterführende Bildungseinrichtung. Alle haben den tiefen Wunsch geäußert, sich weiterzubilden, was ihnen bisher unmöglich war.

Als weiteres Leitthema erwies sich die Frage der eigenen Identität. Im Leben junger Menschen sind die späten Zehnerund frühen Zwanzigerjahre eine ganz natürliche Zeit der Sinnsuche und der Suche nach dem eigenen Platz in der Welt. Wir haben mit diesen im Jahr 1994 geborenen Menschen junge

Leute getroffen, die sich ihrer selbst und ihrer Position in der Welt bewusst sind. Auf die Frage „Wer bist du?" haben alle fast ohne Zögern geantwortet. Ihre Antworten waren komplex, so vielschichtig wie ihre Identität, herangebildet in enger Verflechtung mit den vielen Facetten einer so mannigfachen Gesellschaft wie der südafrikanischen.

Oft vergaßen wir, dass die jungen Menschen, mit denen wir sprachen, 1994 geboren und erst 21 Jahre alt waren. Wesentlich reifer als ihre Altersgenossen.

Interessanterweise hatte fast keiner der Interviewten etwas für Politik übrig. Bis auf wenige Ausnahmen hatten sich zwar alle an der letzten Wahl beteiligt, interessierten sich jedoch weder für politische Themen noch für Parteien oder die politische Führung des Landes. Viele äußerten sich negativ über die derzeitige Führung, begründeten ihre Ansichten aber nur vage und oft sachlich falsch. Hier bestand, unserer Auffassung nach, ein großer Unterschied zu unseren eigenen Erfahrungen als junge, vor 1994 aufgewachsene Menschen. Unserer Ansicht nach waren Jugendliche damals, vor allem in den Townships, bei Weitem engagierter und gewandter in der politischen Debatte.

Was jedoch nicht heißt, dass, entgegen eventueller Erwartungen unsererseits, eine materialistischere Sicht auf das Leben an die Stelle politischen Engagements getreten wäre. Trotz des völlig normalen Wunsches nach finanzieller Sicherheit und einem wie auch immer gearteten Zuhause wurde der Wunsch, eine Familie zu haben und für sie sorgen zu können, fast ausnahmslos als höchstes Lebensziel genannt. Glück wurde nie allein durch Besitz oder Statussymbole definiert. Auf die Frage nach der Zukunft standen Gedanken an die Familie und Verwandte, um die man sich zu kümmern bestrebt ist, und ein erfülltes Arbeitsleben im Vordergrund. Dennoch gab es erstaunlich viele vage Antworten darauf, wie man die eigenen Hoffnungen umsetzen, die gehegten Träume verwirklichen wolle. Da wir weder Psychologen noch Soziologen sind, möchten wir hier nicht darüber spekulieren, warum sich das so verhält. Dennoch fanden wir den Mangel an Zukunftsvisionen vieler unserer Interviewpartner erstaunlich und gewissermaßen auch beunruhigend.

Wir hatten dieses Projekt mit der ernsthaften Hoffnung in Angriff genommen, das Leben für die zu Beginn unserer Demokratie Geborenen sei einfacher geworden. Für viele unserer jungen Interviewpartner aber trifft das nicht zu.

Und dennoch sind sie, trotz des Leids und der vielen Herausforderungen, denen sich die meisten dieser jungen Menschen stellen mussten und auch weiterhin werden stellen müssen, nach wie vor sehr zuversichtlich, dass ihr künftiges Leben besser sein wird. Die Stärke dieser jungen Menschen, ihre Widerstandskraft und Beharrlichkeit haben uns tief beeindruckt und uns Hoffnung für die nächsten 21 Jahre unserer Demokratie vermittelt.

Wir möchten all den jungen Menschen, die zu Interviews bereit waren, ganz herzlich danken. Wir wissen, wie schwer es vielen unter ihnen gefallen ist, uns ihren Schmerz und ihre Ängste zu offenbaren, und wir können nur hoffen, ihren Erzählungen gerecht geworden zu sein. Auch gilt unser Dank allen, die dieses Buch ermöglicht haben, insbesondere Paula Assubij und der Heinrich-Böll-Stiftung, für ihre großzügige finanzielle Unterstützung, ohne die das Werk nicht zustande gekommen wäre.

Es trägt, so hoffen wir nicht zuletzt, auf seine Weise dazu bei, Stereotypen und Vorurteile über junge Menschen in Südafrika abzubauen und den Aufbau unseres Landes, unserer Nation voranzutreiben, auf ihrem Weg in die nächsten 21 Jahre.

JENNA LOWE

Ich hoffe, ich schaff's bis zu meinem Einundzwanzigsten!

MELANIE VERWOERD

Meine 24-jährige Tochter insistiert: „Mama, das musst du dir unbedingt anschauen. Aber du wirst sicher weinen", warnt sie mich an ihrem Laptop. Über ihre Schulter hinweg erhasche ich einen Blick auf die geöffnete Website. Eine wunderschöne junge Frau mit langem braunem Haar und milchweißer Haut sieht direkt in die Kamera. In ihren Augen liegt wilde Entschlossenheit, doch die Stimme ist schwach, ab und zu hält sie inne und ringt um Luft, obwohl sie Sauerstoffschläuche vor der Nase hat.

„Ich bin Jenna Lowe, 19 Jahre alt, und wie ihr vielleicht wisst, seid ihr zu meinem 21. Geburtstag eingeladen", sagt sie in dem Video. „Es mag euch seltsam vorkommen, weil ihr mich gar nicht kennt. Aber je mehr Leute dabei sind, desto wahrscheinlicher ist es, dass ich dabei sein werde – denn, um meinen 21. überhaupt zu erleben, brauche ich ein neues Paar Lungen. Also, bitte lasst euch als Organspender registrieren, damit ihr mit mir feiern könnt, und ladet auch all eure Freunde ein!"

Ich scheuche meine Tochter vom Stuhl. Die Website ist herzzerreißend, und genau wie sie's vorhergesagt hat, wische ich mir beim Weiterlesen die Tränen aus den Augen.

Ein paar Tage später fragt mich eine Freundin per E-Mail, ob ich von Jenna gehört hätte. Sie ermuntert mich, sie für das Buch zu interviewen. Ich gehe ihrem Vorschlag nach und setze mich mit Jennas Mutter Gabi in Verbindung, vorsichtig erkundige ich mich nach der Möglichkeit eines Interviews. Postwendend mailt sie zurück, Jenna würde sehr gern ein Gespräch mit mir führen. Ich solle aber bitte an einem Nachmittag kommen, wenn Jenna noch nicht so müde sei, und mich außerdem drauf einstellen, dass sie möglicherweise kurzfristig absagen müssten. Selbstverständlich willige ich ein.

Als ich zum verabredeten Zeitpunkt vor ihrem Haus in Bishopscourt, Kapstadt, eintreffe, bin ich etwas nervös. Der Jaracandabaum vor dem hohen Metalltor ist voller lilafarbener Blüten, deren süßer Duft die Luft durchzieht. Ich klingele, und das Tor geht auf. Dahinter werde ich herzlich von Gabi begrüßt. Ich folge ihr ins Haus, und schon im Eingangsbereich empfängt mich das Geräusch einer kleinen Maschine. Die durchsichtigen Plastikschläuche daran ziehen sich bis weit nach hinten in den Gang. „Das hier hält Jenna am Leben", sagt Gabi beinahe sachlich und reicht mir ein Desinfektionsmittel für meine Hände. Sie erklärt mir, ein Pumpenstillstand von mehr als zehn Minuten hätte gravierende, wenn nicht gar katastrophale Folgen für Jenna. Vor ein paar Wochen sei die Pumpe plötzlich stehen geblieben. Nach einigem Herumprobieren hatten Gabi und die Pflegerin Lizzie gemerkt, dass der Hauptinfusionsschlauch blockiert war. Blitzschnell mussten sie eine Notinfusion legen, damit die Medikamente weiterflossen, während sie auf den Rettungswagen warteten, der Jenna ins Krankenhaus brachte.

Ich höre Gabi zu und bewundere sie für ihren Mut und ihre Kraft. Sie nickt beiläufig, als ich sie drauf anspreche, ich solle aber erst einmal Jenna kennenlernen. Wir folgen dem Schlauchstrang den Gang entlang, und Gabi klopft leise an Jennas Tür. Wir betreten ein typisches Teenagerzimmer, vollgehängt mit Plakaten und Fotos. Und doch ist nichts an der Situation normal.

In einem Einzelbett an einer der Wände liegt, heftig atmend, ein winziges, fast engelsgleiches Mädchen.

Sie lächelt, als sie mich sieht, und stemmt sich langsam in eine Sitzposition. Gabi rückt die Kissen zurecht und zieht für mich einen Stuhl ans Bett. Sie selbst setzt sich ans Fußende.

Einen kurzen Moment lang schäme ich mich für meine Anwesenheit. Ich will auf keinen Fall, dass dieses Interview in irgendeiner Weise voyeuristisch oder missbräuchlich wird. Aber Jenna stellt unmissverständlich klar, wie scharf sie darauf ist, ihre Geschichte zu erzählen.

„Ich fang am besten ganz am Anfang an", sagt sie stockend. Alle paar Sekunden ringt sie um Sauerstoff. „Ich bin in Kapstadt geboren, und seit meinem dritten Lebensjahr wohnen wir in diesem Haus. Als Kind war ich ziemlich zimperlich. Ein richtiges Mädchen halt. Und meine Lieblingsfarbe war Rosa."

Jenna erzählt, sie habe eine schöne und glückliche Kindheit gehabt, obwohl ihre drei Jahre jüngere Schwester Kristi von Geburt an an einer seltenen genetischen Krankheit namens Mastozytose litt. Als Kind nahm Jenna den Zustand ihrer Schwester überhaupt nicht richtig wahr.

„Aber interessanterweise hat sich das auf meinen Umgang mit Kranken ausgewirkt, bevor ich selbst überhaupt krank geworden bin", sagt sie. Kristi ist eine der wenigen Glücklichen, bei denen sich die Krankheit zurückgebildet hat.

Jenna hat fünf verschiedene Vorschulen besucht. Von der ersten bis zur zwölften Klasse ging sie dann auf die Herschel-Mädchenschule in Claremont, Kapstadt. „Ich habe die Schule geliebt!", sagt sie so begeistert, wie der Atem es ihr erlaubt. „Aber ich war auch ein kleiner Nerd."

„Ein kleiner?", unterbricht Gabi und lacht.

Jenna stimmt ein. „Ja, ich war zwar nicht gerade eine Außenseiterin und auch nicht unbeliebt, aber ich war völlig versessen aufs Lesen und eine ziemliche Streberin. Geschichten haben mich halt immer schon fasziniert. Deshalb habe ich pausenlos gelesen. Es war ständig ein Haufen Freundinnen um mich herum, allein war ich nie. Die Mädchen haben gesagt: ‚Bitte, Jenna, sprich mit uns‘, und ich hab geantwortet: ‚Nein, Leute, ich habe hier grad ein spannendes Kapitel ... In fünf Minuten bin ich bei euch.‘ Nach meinem Gefühl war ich immer mittendrin."

Gabi fügt hinzu: „Wir mussten ihr sagen: ‚In der kleinen Pause darfst du lesen, aber in der großen gehst du mit den anderen spielen, abgemacht?‘" Jennas Begeisterung für Geschichten führte zu einer Reihe von Begebenheiten, die sich im Rückblick nahezu prophetisch ausnehmen. In der zweiten Klasse, als Achtjährige, spielte sie mit einer Freundin im Haus der Großmutter. Aber statt Doktorspiele zu spielen, taten sie so, als seien sie Schriftstellerinnen.

„Ich hatte gerade *Charlie und die Schokoladenfabrik* und *Charlie und der große gläserne Fahrstuhl* von Roald Dahl fertig gelesen, und ich war stolz darauf, die beiden Bücher von vorn bis hinten durchgelesen zu haben, für eine Zweitklässlerin war das nämlich eine ganze Menge", sagt sie. „Ich erzählte überall herum, wie viele Seiten das waren. Beim Schriftstellerspielen also beschloss ich, ein Buch zu schreiben, was man als Schriftsteller halt so tut."

Die ersten beiden selbst geschriebenen Kapitel hätte Jenna beinahe weggeworfen. Doch als sie sie zu Hause ihren Eltern zeigte, waren die derart erstaunt darüber, wie ausgereift ihre Sprache und die Bilderwelt waren, dass sie sie ermutigten, weiterzuschreiben.

In den nächsten Wochen schrieb Jenna weiter, und frustriert darüber, dass sie mit ihrer Handschrift nur langsam vorankam, überzeugte sie Gabi, es sei besser, wenn sie ihr den Text direkt in den Computer diktiere. Das Ergebnis war die Veröffentlichung des Buchs *The Magic Bissie Tree*.

Die Erinnerung zaubert ihr ein Lächeln aufs Gesicht, dann aber runzelt Jenna die Stirn. „Weißt du, das wirklich Seltsame an diesem Buch ist, es geht um ein Mädchen, das an einer sehr seltenen Krankheit erkrankt und sich auf die Suche nach einer wundersamen Heilung begibt. Und es gibt da noch andere Übereinstimmungen, die mich bis heute völlig fassungslos machen. Ich war noch so jung, als ich das geschrieben habe – acht Jahre alt –, als hätte ich damals schon gewusst, was mir bevorsteht."

Jenna spendete das Geld aus ihren Buchverkäufen einem Verein, der Menschen mit Rollstühlen und anderen Hilfsmitteln ausstattet, um sie in ihrer Mobilität zu unterstützen. Nun, Jahre später, hilft derselbe Verein Jenna dabei, ihre Beweglichkeit zu erhalten.

Die verbleibende Mittelschulzeit verbrachte Jenna ohne nennenswerte Vorkommnisse weiter auf der Herschel-Mädchenschule. „Ich war ziemlich aktiv. Ich konnte zwar keinen Ball fangen, habe aber viel getanzt. Ich habe viel Ballett und Modern Dance gemacht, doch die Tatsache, dass ich extrem ungelenkig bin, hat dem Ganzen ein Ende bereitet." Sie lacht. „Trotzdem war ich damals wirklich glücklich. Vielleicht ein bisschen zu perfektionistisch, aber ich war eben auch sehr ehrgeizig und hatte eine Menge Träume."

Mit 16, als sie in der neunten Klasse war, traten bei Jenna plötzlich merkwürdige Symptome auf. „Ich kriegte beim Sport nicht mehr gut Luft. Erst dachte ich, ich sei halt nicht fit, und trainierte einfach mehr. Aber dann wurde es schlimmer, und wir kamen an den Punkt, an dem wir uns sagten, dass irgendwas nicht stimmte. Meine Familie nannte mich schon Darth Vader, weil ich einfach extrem geräuschvoll atmete. Kristi wollte auch nicht mehr mit mir im selben Zimmer schlafen, denn mein Geröchel hielt sie wach. Von da an war klar, dass wir der Sache auf den Grund gehen mussten."

Die ersten Tests waren unauffällig. Weitere Tests und Röntgenaufnahmen folgten, ohne besonderen Befund.

Die Wende kam, als Jenna mit der Schule auf eine zehntägige Bergwanderung rund um die Stadt McGregor ging. Jennas Miene verfinstert sich: „Später haben mir die Ärzte gesagt, ich hätte sterben können. Ich stand damals die ganze Zeit kurz vor einem Herzinfarkt, weil ich mich vollkommen überanstrengt habe. Und das hat zu irreparablen Schäden geführt."

Nach der Wanderung und immer noch auf der Suche nach einer Erklärung, wechselten sie den Arzt. Er überwies sie an eine Allergieklinik, wo die Ärzteschaft sich darauf einigte, dass Jenna unter einer schwer diagnostizierbaren Form von Asthma leide. Sechs Monate lang wurde sie als Asthmatikerin behandelt. Was, wie sich nachträglich herausstellte, zu einer weiteren Verschlechterung ihres Zustands führte.

„Das Problem bei Asthma ist, dass man keinen Sauerstoff in die Lunge bekommt. Die Atemwege zur Lunge hin sind blockiert. Wie wir später erfahren haben, ist es bei meiner Krankheit genau umgekehrt. Die Blutgefäße zur Lunge hin sind blockiert", erklärt Jenna, sichtlich nicht zum ersten Mal. „Bei Asthma wollen sie natürlich, dass man trainiert. Der Doktor hat mir das empfohlen, was ich auch getan habe, und das hat mich beinahe umgebracht."

Nach der Asthmadiagnose, mittlerweile in der zehnten Klasse, nahm Jenna an einem Schüleraustausch teil und ging nach Australien. Obwohl es eine „unglaubliche Erfahrung" für Jenna war, brachte es auch immense Schwierigkeiten mit sich.

„Meine Gastfamilie hat ihre Kinder nicht dauernd mit dem Auto rumkutschiert, weil die Umgebung bei ihnen vollkommen sicher ist. Die Kinder sind also zu Fuß überallhin gegangen, und genau das habe ich auch vier Monate lang gemacht. Am Ende des Aufenthalts ging es mir wirklich mies."

Nach einer gravierenden Verschlechterung ihres Zustands kehrte Jenna im Januar 2012 zu ihrem ursprünglichen Arzt zurück. Er schlug einen allerletzten Test vor und ordnete einen V/Q-Lungenscan an, also eine Inhalations-/Profusionsszintigrafie. Diese Untersuchung stellte alles Bisherige auf den Kopf. Der Scan schloss Asthma aus und zeigte zahlreiche Blutgerinnsel in der gesamten Lunge. Jenna befand sich in großer Gefahr. Der Arzt überwies sie sofort ins Krankenhaus.

„Als er mir eröffnete, dass ich ins Krankenhaus muss, hab ich gesagt: ‚Nein, das geht nicht, ich muss vorher noch zur Schule. Ich kann da erst am Samstag hin.'"

Gabi nickt. „Ja, sie wollte erst in die Schule und in ein paar Tagen dann in die Klinik. Der Arzt hat uns angeschaut und gesagt: ‚Ich gebe Ihnen genau 20 Minuten, um zu Hause etwas Wäsche zu holen, und dann geht es ab in die Klinik. Wir sehen uns dort.'"

Es folgten monatelange Untersuchungen und diverse Krankenhausaufenthalte. Im April 2012 stand die Diagnose schließlich fest. Jenna litt unter pulmonaler Hypertonie (PH). Die häufig tödlich verlaufende Krankheit beruht auf einem Anstieg des Blutdrucks im Lungenkreislauf aufgrund verstopfter oder verengter Gefäße. Training beziehungsweise jede Art von körperlicher Anstrengung ist beschwerlich und überaus gefährlich für Menschen mit PH.

Am Anfang war Jenna erleichtert, nun immerhin eine Diagnose zu haben. „Aber dann wurde mir bewusst, dass es für die Krankheit keine Heilung gibt, und das brachte mich völlig durcheinander. Das klang erst nach: Okay, cool, jetzt kennen wir den Grund, jetzt beheben wir die Sache. Aber dann wurde mir klar, es hieß ja eher: Du hast eine Krankheit, von der keiner weiß, woher sie kommt, und von der wir weder wissen, was sie verursacht hat, noch, wie man sie heilen kann."

Nicht nur, dass PH eine sehr seltene Erkrankung ist, Jenna gehörte auch zu keiner der üblichen Risikogruppen, weder war sie übergewichtig, noch nahm sie die Pille, rauchte oder trank Alkohol.

„Nichts von alledem traf auf mich zu. Das war wirklich frustrierend", sagt Jenna, und ihre Stimme wird etwas höher. „Ich weiß noch, wie ich dachte, ich bin doch immer so vorsichtig gewesen. Ich habe mich immer gesund ernährt, nie getrunken und immer auf Sonnencreme geachtet, sogar bei meinen Freunden. Ich habe alles getan für ein langes Leben. Ich war immer auf meine Gesundheit bedacht ... und dann das?"

Innerhalb der nächsten drei Jahre verschlechterte sich Jennas Gesundheitszustand bis zu einem Punkt, an dem sie sämtliche Aktivitäten einstellen musste und ans Bett gefesselt war. Ihre einzige Hoffnung bestand in einer beidseitigen Lungentransplantation.

Während des Wartens auf einen möglichen Spender galt es mancherlei Kämpfe auszufechten, darunter den Kampf um ein Medikament, das bei PH-Patienten in Europa, Australien und anderen Ländern häufig angewendet wurde, aber in Südafrika noch nicht zugelassen war.

Jenna niest. Sie scheint völlig erschöpft. Besorgt beobachte ich, wie sie sich schwer atmend zurücklehnt. Ich schlage vor, das Gespräch abzubrechen, aber Jenna schüttelt entschieden den Kopf.

Im Liegen schaut sie zu mir hinüber und sagt: „Ich bedaure eigentlich nichts. Oder nur sehr wenig. Jetzt im Rückblick wünsche ich mir allenfalls, ich hätte schon etwas früher geklagt, damals am Anfang, als ich mich nicht mehr so wohlgefühlt habe. Und vielleicht bedaure ich, dass ich immer so stark zukunftsorientiert war. Ich habe nicht so sehr wie andere Kinder im Moment gelebt. Sogar meine Ostereier habe ich monatelang aufgehoben.

Das Morgen war für mich immer viel reizvoller als das Heute. Ich wünschte, ich hätte das ein bisschen anders gehandhabt." Sie lächelt. „Aber eigentlich ist doch alles ganz prima gelaufen."

Ich werfe einen Blick zu Gabi hinüber, die überrascht auflacht. „Was?", fragen wir gleichzeitig. „Na, wenn ich gewusst hätte, dass ich mit 18 so richtig krank werde, wäre ich wahrscheinlich losgezogen und hätte ziemlich früh in meinem Leben eine ganze Menge unternommen, was mir nicht gutgetan hätte und möglicherweise sogar illegal gewesen wäre", antwortet Jenna. „Und ich wäre wohl nicht stellvertretende Schulsprecherin geworden, was mir riesigen Spaß gemacht hat." Ich schaue Jenna an. Nicht viele, ganz zu schweigen von mir selbst, wären in der Lage, einer vergleichbaren Situation noch etwas Positives abzugewinnen.

„Mir sind immer noch dieselben Dinge wichtig. Deshalb gibt es nicht wirklich etwas, das ich doch lieber anders gemacht hätte", sagt sie und spürt mein Erstaunen.

Ungeachtet ihrer Krankheit hat Jenna die Jenna-Lowe-Stiftung ins Leben gerufen, die sich zum Ziel gesetzt hat, das Bewusstsein für PH zu schärfen und andere Betroffene zu unterstützen. Außerdem sammelt sie Geld für lebensrettende Medikamente. Damit nicht genug, hat sie die *GetMeTo21*-Kampagne gestartet, um mehr Menschen zum Organspenden zu animieren.

Gabi berichtet, es hätten sich bereits mehr als 8.000 Leute registrieren lassen.

„Und wie willst du die alle auf deiner Geburtstagsparty unterbringen?", frage ich lachend.

„Vielleicht leiht uns der Bürgermeister von Kapstadt das Stadion in Green Point!", lacht Jenna.

Eine bettlägerige 20-Jährige, die Tag um Tag dem Tod ins Gesicht schaut – ich bin von Jennas Kraft und Optimismus beeindruckt und frage sie, woher sie ihre positive Energie nimmt.

„Vor einer Weile hat mich jemand gefragt, was das Inspirierendste ist, das ich je gehört habe. Ich vermute, sie haben drauf gewartet, dass ich jemand Berühmtes zitiere. Aber ich habe mich an einen bestimmten Moment in den Ferien erinnert, da muss ich etwa zehn Jahre alt gewesen sein. Irgendwas war los, und ich bekam Krach mit einem der Mädchen, die auch dabei waren. Ich rannte also zu meiner Mutter und jammerte ihr was vor. Die antwortete: ‚Jenna, jetzt reicht's, hör dir mal selbst zu. Wenn du klingst wie die Heldin in einer Seifenoper, dann ist es Zeit, einen Schritt zurückzutreten. Schreib dir das hinter die Ohren.' Und das hab ich getan. Sobald ich mich anhöre wie die Heldin in einem Buch oder einer Vorabendserie, weiß ich, dass ich meine Einstellung ändern muss, weil ich mich dann nämlich als Opfer betrachte. Ich höre also auf, Opfer zu sein. Immer wenn ich traurig bin oder mich selbst bemitleide, höre ich die Stimme in meinem Kopf und frage mich: Warum spielst du das Opfer?“

Das haut mich um. Wenn es überhaupt jemanden auf der Welt geben könnte, der sich selbst bemitleiden dürfte, dann wäre das gewiss Jenna.

„Ja schon, aber es gibt da noch einen Unterschied zwischen sich beklagen und jammern“, sagt sie. „Natürlich gibt es schwierige Tage. Aber es ist ein Unterschied, ob du die Lage realistisch einschätzt oder ob du anmaßend bist. Du kannst ‚um Hilfe bitten', und du kannst ‚jammern'. Das eine ist, du findest, dass du in einer Scheißsituation bist, und das andere ist, zu glauben, dass es dir schlechter geht als allen anderen und dass noch nie jemand solche Schmerzen gehabt hat wie du. Es gibt Menschen, die viel schlimmer dran sind als ich.“ Wieder ringt sie schmerzhaft um Luft.

„Klar kenne ich Momente, in denen ich denke: Gott, die ganze Welt hat sich gegen mich verschworen. Ich bin bloß noch eine lebendige, atmende Pumpe an Schläuchen. Und dann passieren solche blöden Sachen, dass die Schläuche sich verheddern oder der Hauptzugang blockiert. Dann denkst du natürlich nur noch, das ganze Universum hat heute was gegen dich. Ich hab mich nämlich nicht immer komplett im Griff. Auch deshalb sind die Kampagnen so wichtig: Sie zwingen mich, über Lösungen nachzudenken und nicht über den Tod."

Von meinen Recherchen zum Interview her weiß ich, dass die beidseitige Lungentransplantation innerhalb der nächsten fünf Monate erfolgen muss. Ich überlege, ob ich sie zum Tod befragen soll. Da sie selbst drauf zu sprechen kommt, erkundige ich mich vorsichtig danach, ob sie jemals ans Sterben denkt.

Jenna ist ein paar Sekunden lang still. Dann sagt sie: „Ich denke in praktischer Hinsicht daran, eher logistisch. Aber ich denke nicht gern daran. Ich denke über die Tatsache nach, dass es passieren könnte, und das hilft mir dabei, die notwendigen Entscheidungen für jetzt zu treffen. Zum Beispiel: Wenn ich bald sterben muss, was will ich dann jetzt mit meiner Zeit anfangen? Ich denke auch darüber nach, wie es sein wird ... vor allem für meine Eltern. Ich ertappe mich bei dem Gedanken, wie traurig sie sein werden und wie ich ihnen die Sache erleichtern könnte. Und dann muss ich mir natürlich ins Bewusstsein rufen, dass ich dann nicht da sein werde. Das ist komisch ... also versuche ich, nicht ständig daran zu denken."

Es klingelt an der Tür, und Gabi verlässt das Zimmer. Als ihre Mutter draußen ist, schlägt Jennas heitere Stimmung vollkommen um.

„Eigentlich habe ich ... eine Scheißangst", flüstert sie mit zittriger Stimme. „Lungentransplantationen sind nämlich ziemlich knifflig, viel komplizierter als die Verpflanzung von anderen Organen, zum Beispiel von Nieren oder sogar vom Herzen. Die Operation ist extrem riskant. Ich lebe also in dieser irren

Kombination von Angst und Hoffnung. Jeden einzelnen Moment des Tages habe ich Angst ..."

Zwei Freunde von Jenna unterbrechen unser Gespräch. Sofort hellt sich ihre Stimmung auf, und sie plaudert fröhlich mit ihnen. Sie können nicht lang bleiben, und fünf Minuten später sind sie wieder weg.

Mit gefestigterer Stimme nimmt Jenna den Faden wieder auf. „Ich sehne also in jeder Sekunde die Benachrichtigung herbei, dass es eine Organspende für mich gibt. Aber sobald das Telefon klingelt, flippe ich aus und denke, oh mein Gott, nein, ich bin überhaupt nicht bereit dafür! Ich bin einfach noch nicht bereit! Und wenn es dann nicht die Leute vom Organspendedienst sind, denke ich, verdammt, warum waren sie das jetzt nicht? Idealerweise passiert es also morgen. Das wäre bald, und ich wüsste, dass ich dann meine zweite Lebenschance bekomme, aber auch, dass mich bloß acht Stunden von der Möglichkeit zu sterben trennen!"

„Eigentlich hab ich ein ziemliches Glück", sagt Jenna, als Gabi wieder das Zimmer betritt. „Ja, es stimmt, meine Lungen sind komplett im Eimer, und ich bin echt schwer krank. Aber alles andere, mein Herz zum Beispiel, ist kerngesund und läuft wie 'ne Eins. Ich brauche also nur eine Lungentransplantation, und dann wird alles wieder gut."

„Und die Zukunft ... wie stellst du dir deine Zukunft vor? Gibt es da noch einen Traum?", frage ich.

„Ich hatte immer riesige Träume. Es bis zum Abitur zu schaffen, ordentlich zu bestehen, dann Philosophie und Psychologie zu studieren ... einen sauberen Abschluss hinlegen und danach was Sinnvolles tun. Also habe ich losgelegt. Ich habe mein Abi gemacht, beste Noten bekommen und mich an der Universität von Kapstadt eingeschrieben.

Aber ich bin bloß sechs Monate an der Uni gewesen. Dann

wurde es zu anstrengend. Es war schlimm, das alles aufzuge-
ben. Der Gedanke daran, was ich alles nicht tun konnte, hat
mich wirklich traurig gemacht. Damals hat es sich angefühlt, als
könnte ich überhaupt nie mehr Träume haben. Aber ich habe
beschlossen, mich nicht weiter da reinzusteigern, sondern mich
lieber auf all das zu konzentrieren, was ich habe. Als ich dann
auf die Transplantationsliste kam, hat sich alles noch mal gewandelt, und ich hatte das Gefühl, dass ich wieder Träume haben dürfte. Es hat ein Weilchen gedauert, bis ich wieder darüber
nachdenken konnte, was ich vom Leben noch erwarten kann
und was ich damit anfangen will. Ja, inzwischen habe ich auch
wieder Träume."

„Zum Beispiel?"

Leise sagt sie: „Zum Beispiel, aus dem Haus zu gehen und
die Sonne und die Luft im Gesicht zu spüren. Zu duschen und
mir die Haare zu waschen." Sie hält inne, dann fällt es ihr ein,
und ihr Gesicht leuchtet auf: „Oh ja! Und es wäre wirklich cool,
es bis zu meinem 21. zu schaffen."

In einer E-Mail bedankt sich Gabi ein paar Tage später für das
Gespräch. Ich bin froh zu hören, dass es Jenna wirklich Freude
gemacht hat. Sie lädt mich zu einem Grillabend in drei Wochen
ein. Der Grillabend wird allerdings nicht mehr stattfinden.

Am 9. Februar 2015 steht in Jennas Blog: „Ich hab eine Weile lang nichts von mir hören lassen. Wenn man eine Zeit lang
nichts von jemandem hört, wird oft herumgewitzelt, derjenige
sei wohl tot oder verschollen. In meinem Fall wäre dieser Witz
ziemlich geschmacklos gewesen, denn pulmonale Hypertonie
ist eine degenerative Lungenkrankheit, und wenn man seit vier
Jahren schwer daran erkrankt ist und auf eine Lunge wartet, sind
solche Vermutungen nicht sehr weit hergeholt. Zuletzt habe ich
gepostet, ich würde mich davon erholen, dass mein Hase meine

Schläuche angeknabbert hat. Und auch, dass ich mich jeden Tag schwächer fühle und warte und hoffe ...

Am 10. Dezember 2014 habe ich das Wunder eines zweiten Lebens geschenkt bekommen – eine beidseitige Lungentransplantation. Also, Leute, ich bin immer noch da! Eine beidseitige Lungentransplantation ist einer der schwierigsten chirurgischen Eingriffe, die es gibt, aber ich habe es geschafft und gerade zum ersten Mal die Intensivstation verlassen. Nun befinde ich mich auf der Transplantationsstation, wo ich zum Geräusch eines Johannesburger Gewitters schreibe.

Der Genesungsprozess ist langwierig und geht nur sehr allmählich vonstatten, es war wirklich hart. Es gab Momente, wo wir dachten, ich käme nicht durch. Aber ich bin durchgekommen, und nun kann ich den Regen vor meinem Fenster riechen und sehe wieder das Tageslicht."

Es kommen mir die Tränen, als ich Jennas Worte lese. Diesmal allerdings aus Freude für Jenna. Denn obwohl der Weg zur vollständigen Genesung sicher noch sehr lang sein wird, werden sich ihre Träume womöglich erfüllen. Sie wird wieder die Sonne auf ihrem Gesicht spüren können. Sie wird wieder duschen und sich selbst die Haare waschen können.

Und ja, sie schafft es bis zu ihrem 21.!

Jenna ist am 8. Juni 2015 auf der Intensivstation gestorben. Am 28. Oktober 2015 wäre sie 21 Jahre alt geworden. Ihr Blog *GetMeTo21* findet sich unter http://jennalowe.org/category/blog/; er wird vom Jenna Lowe Trust weitergeführt.

MARCELLINO FILLIES

Ich will mal ein guter Vater sein

MELANIE VERWOERD

Forschung und Erfahrung belegen: Gewisse Kindheitserlebnisse können zu riskanten und gefährlichen Verhaltensweisen bei jungen Leuten führen. Auf meinem Weg nach Heideveld zum Interview mit Marcellino Fillies mache ich mich also auf das Schlimmste gefasst. Immerhin ist sein Vater früh gestorben, und es hat in seinem Leben keine männlichen Rollenvorbilder gegeben. Bereits vor seinem 18. Geburtstag hat er sieben Umzüge und sieben Schulwechsel mitgemacht. Die Annahme, dass der Lebenslauf von jemandem, der im Umfeld von Alkoholmissbrauch und Gangstertum groß geworden ist, weitgehend vorhersehbar ist und vermutlich kein gutes Ende nehmen wird, ist sicherlich verzeihlich.

Ich bestätige unsere Verabredung per WhatsApp. Er antwortet sofort und höflich und ist damit einverstanden, dass wir uns an der Grundschule in Athlone, Kapstadt, treffen. Er fragt, ob ich eine Wegbeschreibung benötige. Ich schreibe zurück, ich würde erst einmal googeln und mich im Zweifelsfall noch mal melden.

„Ruhig jederzeit nachfragen, die Erklärung kostet mich nur eine Nachricht." Ich danke ihm, und er antwortet: „Gern geschehen."

Ich erreiche die Heideveld-Grundschule problemlos. Nachdem mich ein sehr argwöhnischer Wachmann eingelassen hat, rufe ich Marcellino an. Er hat auf mich gewartet und ist sofort zur Stelle: Ein extrem gut aussehender und tadellos gekleideter junger Mann empfängt mich mit einem umwerfenden Lächeln.

„Willkommen! Schön, dass du es gefunden hast!", sagt er freundlich.

In seiner Gegenwart fühle ich mich sofort wohl. Ich staune über die Mischung aus Eloquenz, gutem Aussehen und ausgezeichnetem Benehmen, während er mich in einen Raum voller Musikinstrumente führt. Hier gibt er Jugendlichen Marimba-Unterricht. Einen derart wohlerzogenen jungen Mann erlebt man selten. Ich frage mich, ob dies wegen oder trotz seiner Kindheit so ist. In den kommenden wenigen Stunden, die wir gemeinsam verbringen, wird deutlich, dass Letzteres eher zutrifft.

„Ja, meine Kindheit war ziemlich hart", sagt er. „Wir sind viel umgezogen. Geboren bin ich in Mitchells Plain, dann sind wir nach Lentegeur gezogen, dann nach Delft, dann zurück nach Lentegeur, danach nach Strandfontein und dann ..." Er hält inne, versucht sich an die genaue Reihenfolge der zahlreichen Umzüge zu erinnern. „Es sind so viele gewesen ... ich muss mal überlegen." Er lächelt, fast entschuldigend. „Ach ja, dann zurück nach Lentegeur und zum Schluss nach Heideveld."

„Warum seid ihr so oft umgezogen?"

Er schüttelt den Kopf, und sein breites Lächeln verschwindet. „Mein Vater ist gestorben, als ich drei Jahre alt war."

„Was ist denn passiert?", frage ich sanft.

„Also, mein Vater ist auch nicht bei seinem Vater aufgewachsen. Er hatte einen Stiefvater. Vor Kurzem habe ich den Stiefvater meines Vaters besucht, und er hat mir erzählt, dass mein Vater auf einem Boot war – Fischen, weißt du –, und da kam es zu einem Streit zwischen ihm und einem anderen Mann. Der Streit ist eskaliert, und dann hat jemand meinen Vater über Bord geworfen ... Sehr viel später haben sie seine Kleider gefunden, seinen Leichnam allerdings nicht. Die Fische hatten seinen Körper aufgefressen." Man sieht mir den Schock wohl an, Marcellino reagiert schnell: „Ich habe ihn gar nicht kennengelernt. Weißt du, ich habe keine Erinnerung an ihn. Es gibt noch nicht mal Fotos." Er schaut über mich hinweg ins Leere. „Meine Mutter – sie heißt Lucintha – hat dann jemand anders kennengelernt, Redwaan Ahmat. Redwaan ist irgendwann mein Stiefvater geworden, und meine Mutter hat von ihm noch meinen kleinen Bruder Ethan bekommen. Dann haben sich meine Mutter und er allerdings getrennt ... das war eine extrem schwierige Zeit. Mein Bruder war ungefähr drei oder vier Jahre alt, und ich war sieben. Meine Mutter musste arbeiten gehen, um uns zu ernähren. Sie ging jeden Tag in die Stadt (Kapstadt) und kam erst spätabends nach Hause. Ich musste also auf Ethan aufpassen. Nach der Schule, so gegen fünf, habe ich ihn von der Krippe abgeholt, und wir sind zusammen nach Hause gelaufen. Ich habe ihm das Abendessen gemacht, ihn gebadet, mit ihm gespielt und ihn dann ins Bett gebracht. Dazwischen habe ich versucht, meine Hausaufgaben zu erledigen. Nach acht ist dann meine Mutter nach Hause gekommen."

Ich staune, wie ein siebenjähriger Junge das alles zustande bringt. „Hast du dich nicht manchmal gefürchtet?", frage ich.

„Ach, weißt du, ich habe mich dran gewöhnt, ich kannte ja nichts anderes."

Irgendwann haben sich Lucintha und Redwaan wieder versöhnt. Da das Geld knapp war, mussten sie bei seiner Großmutter oder „Ma", wie Marcellino sie nennt, wohnen. Dann kam sein kleinster Bruder Leo zur Welt.

„Aber es lief nicht so toll", sagt Marcellino. „Meine Mutter und mein Stiefvater wohnten in einem Zimmer, und Ma, ich und meine Brüder schliefen im Wohnzimmer. Es wurde viel getrunken und ständig gestritten. Ich musste mich also um die Kleinen kümmern." Die Erinnerung bereitet ihm Unbehagen, er rutscht auf dem Stuhl herum.

„Ist dein Stiefvater deiner Mutter gegenüber handgreiflich geworden?", frage ich.

Er scheint überrascht. „Ja, natürlich", sagt er und runzelt die Stirn, als hätte ich die dümmste Frage der Welt gestellt. „Darum werde ich niemals eine Frau schlagen. Es hat mich unendlich traurig gemacht, meine Mutter so zu sehen."

Der nächste Umzug der Familie führte nach Strandfontein. Da Marcellino schon auf der Highschool war und das Abi näher rückte, pendelte er täglich nach Heideveld. „Das war ganz schön viel Fahrerei jeden Tag. Ich bin jeden Morgen vor sechs Uhr aufgestanden, habe mich gewaschen, gefrühstückt und fertig gemacht. Ich hab ein Taxi in die Stadtmitte genommen, dann den Zug raus nach Heideveld. Natürlich muss man immer auf die Züge warten. Entweder kommen sie gar nicht, oder sie haben Verspätung, und dann kommst du zu spät zur Schule und kriegst Ärger. Meine Mutter hat bei einer Firma in Ottery gearbeitet und musste da rausfahren. Mein Stiefvater hat immer irgendwo anders auf dem Bau gearbeitet, und die Jungs mussten zur Schule nach Strandfontein gebracht werden. Ich musste also jeden Tag zurückhetzen und auf sie aufpassen."

Trotz dieser Herausforderungen meldete sich Marcellino 2013 zu den schriftlichen Abiprüfungen.

„Wie ist es gelaufen?", frage ich.

„Ach, ich bin durchgefallen", sagt er nüchtern. „Aber ich hab es dieses Jahr gleich noch mal versucht. Ich war wild entschlossen. Diesmal hab ich mehr Zeit investiert und mich nächtelang über die Bücher gebeugt. Momentan warte ich auf die Ergebnisse."

„Und was hast du als Nächstes vor?", frage ich.

„Musik", antwortet er wie aus der Pistole geschossen. „Musiktherapie."

„Das willst du studieren?"

„Würde ich liebend gern, kann ich aber nicht, wegen der Kosten." Seine Stimme bricht ab.

„Aber es gibt doch Stipendien", sage ich.

„Nicht für meine Mutter und die Brüder." Er lächelt. „Ich muss mich um sie kümmern. Mein Stiefvater ist in Port Elizabeth. Er schickt Geld, aber das reicht nicht. Also muss ich arbeiten. Ich habe zwei Jobs. Ich gebe Musikunterricht, und ich arbeite in einer Eisenwarenhandlung. Ich verdiene ungefähr 6.000 Rand pro Monat, meiner Mutter gebe ich mindestens die Hälfte davon ab."

„Ist das nicht ein ziemlich schwerer Brocken für jemanden, der so jung ist wie du?", frage ich.

Wieder schaut er mich etwas verwirrt an. „Nein, ich weiß ja, was los ist, also muss ich helfen."

Wieder staune ich darüber, wie verantwortungsbewusst, geerdet und reif dieser junge Mann ist. Ich frage ihn, wie es kommt, dass er mit seinem Familienhintergrund nicht bei den Drogen oder in einer Gang gelandet ist.

„Ach, ich war viel zu beschäftigt, um Mitglied einer Gang zu sein. Ich musste jeden Tag schnell nach Hause und auf meine Brüder aufpassen, da blieb gar keine Zeit. Außerdem sind wir ja so viel umgezogen, dass ich nie lang genug an einem Ort war, um wirklich zu einer Gang zu gehören. Das hatte also auch sein Gutes."

„Und was ist mit Drogen und Alkohol?"

„Ich habe noch nie geraucht oder Drogen genommen. Ein bisschen Alkohol, das ja. Du weißt schon, der Gruppenzwang. Aber das andere Zeug, nein. Obwohl meine Mutter und mein Stiefvater rauchen. Bei uns zu Hause gab es immer Regeln, strenge Regeln. Auch wenn meine Mutter nicht viel zu Hause war, wussten wir genau, was richtig und was falsch ist. Und Musik, die Musik hat mir wirklich geholfen."

Marcellino ist schon in der Grundschule mit der Musik in Berührung gekommen.

„Der Lehrer hat drei der frechsten Jungs zur Therapie geschickt. Ich war einer von ihnen, weil ich voller Energie war und nicht still sitzen konnte. Und ich bin dem Lehrer immer ins Wort gefallen." Er lacht. „Ich bin also zur Musiktherapie gegangen, und von da an hat sich alles verändert."

Marcellino lernte erst Trommeln, dann Marimbaspielen. Irgendwann trat er in eine Band ein. In der Mittelschule unterrichtete er die Kinder an den umliegenden Grundschulen im Rahmen der Arbeit eines Vereins namens Music Works.

„Wenn ich Musik mache, bin ich überglücklich, und nichts tue ich lieber, als kleine Kinder zu unterrichten. Jede Schule ist anders, und ich kann's jedes Mal kaum erwarten zu erleben, wie die Kinder reagieren. Das möchte ich gern hauptberuflich machen."

„Wie hast du denn deine Liebe zur Musik entdeckt?", frage ich.

„Das hab ich wohl von meinem Großvater mütterlicherseits. Er war Musiker, und ich denke, das habe ich von ihm. Es liegt mir in den Genen."

„Tust du eigentlich auch solche Dinge, die ‚normale' Teenager tun?", frage ich.

„Was denn zum Beispiel?"

„Na, zum Beispiel Sport."

„Nein, Sport mache ich nicht", sagt er fast kategorisch.

„Und was ist mit Partys?"

„Manchmal, aber wir gehen nicht aus. Ich hänge nur mit meinen Freunden bei ihnen zu Hause rum."

„PlayStation?"

„Nein, das ist nicht mein Ding."

„Fernsehen?"

„Nein, ich schaue nie fern. Damit vergeudest du nur deine Zeit."

„Und was tust du, wenn du dich mal entspannen willst?"

„Ich bin eigentlich gern mit meiner Familie zusammen. Das macht mich wirklich glücklich. Zum Beispiel jetzt am Wochenende wandern wir den Tafelberg rauf. Und am Sonntag gehen wir uns die Weihnachtsbeleuchtung in der Stadt anschauen."

Ich finde es erstaunlich, dass er trotz der vielen Herausforderungen, die das Familienleben für ihn bringt, doch die Zeit am liebsten mit ihnen verbringt. Vielleicht empfindet er sich gegenüber seinen Brüdern als Vaterfigur.

Ich will wissen, was sein größter Wunsch im Leben ist.

„Oh, das ist leicht. Ich will mal ein guter Vater sein. Ich will, dass meine Kinder wissen, dass ich an jedem Tag der Woche rund um die Uhr für sie da bin und dass ich sie über alles liebe."

„Glaubst du, dass dein Leben anders verlaufen wäre, wenn du deinen Vater gekannt hättest und er für dich da gewesen wäre?"

Sein Gesicht leuchtet auf. „Oh, ganz bestimmt." Er denkt kurz nach und lächelt. „Es wäre sehr viel schlechter gewesen."

„Warum?"

„Na, weil er ein Verbrecher war, und ich wäre sicher seinem Beispiel gefolgt, denn er war mein Vater. Und dann hätte ich auch in dem ganzen Schlamassel gesteckt. Mein Glück war, dass ich nie eine Vaterfigur hatte. Daher musste ich die Dinge gezwungenermaßen anders regeln. Ich habe all das üble Zeug nie an mich herangelassen."

„Aber warum bist du so anders als so viele andere junge Männer?", frage ich. „War das der Einfluss deiner Mutter?"

„Vielleicht", sagt er zögernd. „Aber ich wusste schon immer, was ich nicht sein wollte. Ich will eines Tages ein guter Vater sein. Und wenn ich den anderen Weg genommen hätte, könnte ich das nicht sein."

„Was ist dann also dein Traum für die Zukunft?", frage ich.

Er antwortet wie aus der Pistole geschossen.

„Eine glückliche Familie. Das ist mein größter Traum. Eine Frau und ein paar glückliche Kinder, und ich will wegziehen aus Heideveld."

„Wohin?"

„Also, wenn ich wirklich wild drauflosträumen darf, dann nach Sea Point. Mit schöner Aussicht und leichter Meeresbrise. Das wäre toll."

Mittlerweile wird immer wieder leise an die Tür geklopft. Jedes Mal lugt ein kleines Gesicht erwartungsvoll ins Zimmer. Sie sind schon ganz ungeduldig. Marcellino lächelt und winkt sie herein. Die Tür schwingt auf, und eine Welle von Kindern schwappt hinein. Gemeinsam tragen sie die schweren Marimbas aus dem Aufbewahrungsraum. Sie warten still, die Augen auf Marcellino geheftet. Er nimmt seinen Platz ein und sagt: „Hopp!" Und auf das Startsignal hin heben alle die kleinen Schlägel, und es erklingt eine wunderschöne rhythmische Musik.

Ich sehe lange zu, während er geduldig ihre kleinen Hände zu den richtigen Noten führt. Ein Mädchen eilt ständig voneweg. Immer wieder stupst er sie an und schüttelt den Kopf. Sie seufzt und verlangsamt schließlich ihr Tempo. Dann lächelt sie ihn groß an. Wie kleine, vom Honig angezogene Bienen strömen immer mehr Kinder in den Raum, jedes Einzelne kommt an die Reihe. Durch das jahrelange Aufpassen auf seine jüngeren Brüder besitzt Marcellino eine beinahe instinktive Fähigkeit, kleinen Kindern neue Dinge beizubringen, und offensichtlich himmeln sie ihn dafür an.

Als es für mich Zeit ist zu gehen, kommt er, um sich zu verabschieden. „Übrigens", sagt er und wirkt ernst. „Auf deinem Profilfoto auf WhatsApp siehst du viel jünger aus als in Wirklichkeit. Ist das vor langer Zeit aufgenommen worden?"

Ich muss lachen. Er besitzt immer noch die brutale Ehrlichkeit, die so typisch ist für jemanden um die 20. „Nein, ich trage heute bloß kein Make-up ... Aber trotzdem danke."

Es scheint ihn nicht recht zu überzeugen. „Bist du sicher, dass es nicht schon ziemlich alt ist?"

Ich tue empört. Wirklich böse sein kann ich ihm nicht, denn dieser junge Mann hat mir sehr viel Hoffnung gegeben. In einem Land voller trauriger Geschichten widerlegt er so manches Stereotyp. Er hat eine ganze Reihe Niederschläge im Leben weggesteckt, wo oft schon eine einzige solcher Hürden genügen würde, um Kindern, die wesentlich mehr Unterstützung erfahren haben als er, ein schwieriges Leben zu bescheren. Er nimmt solche Herausforderungen offenbar mutig an und sieht in ihnen den Grund dafür, dass er einigermaßen „ok-ig" durchgekommen ist.

SIVIWE NJAMELA

Zuallererst einmal bin ich Xhosa

SONWABISO NGCOWA

Melanie und ich fahren zum Bahnhof Kuyasa in Khayelitsha, um uns mit Siwiwe zu treffen. Wir sollen ihn anrufen, sobald wir da sind. Es klingelt zweimal, und er hebt ab: „Hallo!"

„Alles klar, *bhuti, kunjani?* Mann, wie geht's?"

„Bestens, und wie geht es euch?"

„Wir stehen jetzt am Bahnhof Kuyasa. In einem grünen Wagen."

Zwei Minuten später ist Siwiwe vor Ort. Er trägt ein schwarzes T-Shirt und schwarze Jeans. Wir fahren zu ihm nach Hause, drei Minuten vom Bahnhof entfernt.

Draußen ist es backofenheiß. Im Haus ist es kühl, man spürt die Meeresbrise vom Indischen Ozean, aber nur, wenn man an der Tür sitzt. Melanie und ich rangeln um den Platz. Wir müssen lachen. Im Fernsehen läuft Channel O, ein südafrikanischer Hip-Hop-Song wird gespielt.

„Wir haben Cola mitgebracht", sagt Melanie.

„Oh, ich habe euch auch was Kühles zu trinken gemacht", sagt Siwiwe. Unsere Gläser stehen auf Untertassen.

Siwiwe und Melanie kennen sich schon. Als ich mich vorstelle, entdecken wir gleich Gemeinsamkeiten. Er hat kurz in Masiphumelele gelebt, wo ich seit 1996 wohne. Wir kommen aus derselben Gegend am Ostkap. Siwiwe stammt aus dem Dorf

Ngcabasa, nicht weit entfernt von meinem Heimatdorf Mpozisa.

„Mein Schulweg war kurz und führte über den harten, trockenen Boden des Ostkaps", erzählt er uns. „Die anderen Kinder waren so laut, dass ich meine eigenen Gedanken kaum verstehen konnte. Doch sobald die Lehrerin auftauchte, wurde es schlagartig still. Wir standen da, und alle Augen richteten sich auf sie. Sie war riesig. Und hatte eine laute Stimme. ‚Ist gut, jetzt könnt ihr reingehen', rief sie. Und all die vielen kleinen Füße flitzten zur Tür – in vollem Tempo, denn für uns 30 Kinder gab es nur neun Stühle.

Mich kümmerte das nicht. Ich nahm meinen eigenen Stuhl mit in die Krippe. Mama brachte mir jedes Mal einen aus Kapstadt mit, wenn sie in den Ferien nach Hause kam. Nur damit ich in der Krippe sitzen konnte, einen Plastikstuhl, jedes Jahr im Dezember, zusammen mit den Weihnachtsklamotten.

Meine Grundschule war auch ganz nah. Dort waren wir 14 Schüler in der Klasse. Computer, eine Bibliothek oder Schulbücher haben wir nie zu Gesicht bekommen. Manchmal gab es halbe Schulbücher mit herausgerissenen Seiten. Zu Hause hatte ich Spielsachen und Fahrräder, all das. Meine Mutter sorgte dafür, dass es mir dort gut ging. Sie selbst war weg in Kapstadt, brachte mir aber immer viele Spielsachen mit, wenn sie im Dezember nach Hause kam. Am liebsten spielte ich allerdings am Damm. In der Nähe vom Damm gab es nämlich *udongwe,* weichen Lehm. Daraus haben wir uns Autos gebaut. Und uns ziemlich eingesaut. Zu Hause hab ich dafür jedes Mal Ärger gekriegt.

Nur drei von uns haben die dritte Klasse geschafft. Ich wär auch sitzen geblieben, aber Mambhele war sehr streng. Mambhele ist meine Großmutter. Im Dorf wurde sie von allen bei ihrem Clannamen Mambhele genannt. Jeden Tag, wenn ich nach Hause kam, habe ich mein Hemd und meine Socken gewaschen und zum Trocknen aufgehängt, den Hof gefegt und meine Hausaufgaben gemacht, bevor ich rausgehen und spielen durfte.

Damals haben wir bei meiner älteren Schwester gewohnt, die praktisch von Geburt an bei Mambhele aufgewachsen ist. Mambhele hat mich morgens geweckt. Sie hat darauf geachtet, dass ich abends mein Hemd bügele. Ich musste meine Schuhe putzen. Und Mambhele hat mir das Pausenbrot gemacht. Sie hat mir immer gesagt, wie wichtig die Schule ist.

Zwei Stunden bevor sie uns für die Schule geweckt hat, ist Mambhele aufgestanden. Sie hat Wasser vom Gemeinschaftsbrunnen geholt, draußen Feuer gemacht und warmes Wasser zum Waschen für uns bereitgestellt. Wir hatten Strom, aber Mambhele war extrem sparsam. Auf offenem Feuer in einem schwarzen dreifüßigen Topf hat sie *isidudu*, weichen Maisbrei, gekocht. Ich bin mit vollem Bauch zur Schule gegangen. Mit vollem Bauch lässt es sich viel besser spielen und lernen.

Mama hat als Putzfrau im Dora-Nginza-Krankenhaus gearbeitet, dasselbe Krankenhaus, in dem ich auch geboren bin. Kurz nach meiner Geburt ist sie nach Kapstadt gezogen. Mein Vater war als Fahrer bei Value Logistics beschäftigt. Ich bin das dritte von vier Kindern.

Unsere Familie am Ostkap war ziemlich groß. Wir hatten drei Häuser. Unser Großvater väterlicherseits war *isithembu,* polygam. Er hatte vier Frauen. Eine lebte in Port Elizabeth, drei wohnten im selben Dorf. Die älteren Cousinen sind zum Holzholen in den Wald gegangen. Sie haben dafür gesorgt, dass es in allen drei Häusern Feuerholz gab. Auch zu uns nach Hause haben sie welches gebracht.

Wir hatten Hunde, Ziegen und Kühe. In jedem der drei Häuser der Familie gab es mehr als 30 Kühe und Ziegen, Hühner und Schweine. Mambhele hatte auch einen großen Laden. Gleich nachdem sie aus Port Elizabeth gekommen ist, hat sie den Laden eröffnet. Alles hat sie dort verkauft: Kleider, Lebensmittel, Strom, Telefonkarten ... einfach alles!

Mit 13 hat mich Mambhele zu meinen Eltern nach Kapstadt geschickt. Wir sind im Auto meines Vaters hingefahren. Am frühen Morgen sind wir an einem Ort namens Masiphumelele angekommen, ein Township in der Nähe von Fish Hoek im Süden Kapstadts. Alles lag noch im Schlaf. Wir sind direkt in dieses Durcheinander von Wellblechhäusern reingefahren. Aber als der Ort ein paar Stunden später aufgewacht ist, sind die Straßen übergequollen von Menschen. Die Luft wurde stickig, Verkaufsstände wurden am Straßenrand aufgestellt, Ausrufer riefen den Fleischpreis aus ... Aber in Masiphumelele sind wir nicht lang geblieben. Bald sind wir nach Khayelitsha gezogen, wo es ungefähr genauso ist, nur viel größer.

Ich erinnere mich, dass ich bei jedem Halt am Fenster sitzen geblieben bin. Auf der Fahrt vom Ostkap saßen ich, mein Vater, meine Schwester, ein viel älterer Junge und noch eine andere Frau im Auto. Wir dachten, wir nehmen die Frau einfach nur ein Stück mit. Irgendwann haben wir sie abgesetzt, damals hab ich noch nichts begriffen. Aber als wir angekommen sind, hat Mama gemerkt, dass da irgendwas los ist. Das hat sie aber erst mal für sich behalten.

Mein Vater hat mich gern überallhin mitgenommen. Er wusste, dass ich noch zu klein war, um zu kapieren, was genau er da machte. Wir sind zu der Frau gefahren. Er hat mich lang allein im Auto gelassen. Und dann sind wir wieder nach Hause gefahren. Allmählich haben wir gemerkt, dass da irgendwas direkt vor unserer Nase ablief. Mein Vater hatte eine Affäre. Während meine Mutter schwanger mit meinem kleinen Bruder war, hatte er eine Affäre.

Oft ist er wütend nach Hause gekommen und hat mit niemandem gesprochen. Einmal hat er nach dem Abendessen einen Anruf bekommen. Eben von dieser Frau. Er ist weggegangen und erst spät in der Nacht zurückgekommen. ‚Warum bist du nachts nicht zu Hause bei uns? Wo warst du?‘, hat Mama gefragt. Aber er hat nicht einmal geantwortet.

An manchen Nächten ist er überhaupt nicht nach Hause gekommen. Einmal hat Mama sie zusammen im Makhaza-Einkaufszentrum gesehen. Mein Vater ist mit dieser fremden Frau einkaufen gewesen. Er hat nicht damit gerechnet, Mama an dem Tag da zu treffen. Mama hat dort nichts unternommen. Aber als er nach Hause kam, hat sie ihn zur Rede gestellt. Er hat gesagt, es sei eine Freundin vom Ostkap. Mama hat nichts mehr gesagt. Und die Affäre ging weiter.

Nachdem meine Mutter den Beweis hatte, dass mein Vater sich mit dieser anderen Frau traf, wurde mein Vater gewalttätig. Jedes Mal, wenn meine Mutter das Thema anschnitt, hat er sie geschlagen. Regelmäßig ist sie deswegen bei der Polizei gewesen. Meine Eltern kamen nicht miteinander klar, so war das bei uns zu Hause. Wir hatten mit der Polizei zu tun. Mit Rechtsanwälten. Damals habe ich das alles noch nicht so begriffen. Aber ich weiß, dass es sich unmittelbar vor den Augen von mir und meiner Schwester abgespielt hat. Mit 14 habe ich schließlich kapiert, dass ich keinen Vater mehr hatte. Er ist zu dieser Frau nach Khayelitsha, Town Two, gezogen. Den Unterhalt für mich und meinen kleinen Bruder hat er sofort eingestellt.

2006 kam ich auf die Harry Gwala Highschool. Am Anfang lief das gut. Wir hatten tolle Lehrer. Die Schule war bestens ausgestattet mit allem: Bibliothek, Sportplatz und so weiter, man kann da wirklich Spaß haben. Und lernen. Es gibt sogar einen Computerraum.

Aber als ich 2011 in der elften Klasse sitzen geblieben bin, hat mich Mama von der Schule genommen, weil sie gedacht hat, ich würde dort verdorben. Ich habe nichts für den Unterricht getan und bin stattdessen mit Freunden rumgezogen. Darum hat sie mich auf dem Rosebank-Privatcollege angemeldet. Dort habe ich begriffen, dass es noch was anderes im Leben gibt als die Gegend um Khayelitsha oder die Dörfer vom Ostkap. An dieser Schule ist es akademischer zugegangen, was gut war. Es gab durchschnittlich 18, 19 Schüler in der Klasse, statt 47 bis 50 wie auf der Harry Gwala. Alles war perfekt. Wir hatten sogar Sonderunterricht. Ich war von acht Uhr früh bis nachmittags um fünf in der Schule. Das Problem war nur, dorthin zu kommen. Entweder hatte der Zug Verspätung, oder er fiel ganz aus.

Wenn ich zu spät kam, hatte ich jedes Mal Melissa, die Chefin meiner Mutter, am Hals. Ich musste um halb acht am Rosebank College sein. War ich nicht Punkt halb acht dort, rief die Schulsekretärin an und erkundigte sich, wo ich bliebe. Sie richtete mir aus, Melissa habe nachgefragt. Ich erklärte, es sei wegen der Züge. Sie hat sogar bei Metrorail angerufen, um rauszufinden, ob es damit seine Richtigkeit hatte. Melissa hat mich ermutigt, zur Schule zu gehen. Und ich bin ihr dankbar dafür. Ihretwegen bin ich heute hier.

2013 habe ich Abitur gemacht und während der ganzen Zeit in Khayelitsha gelebt. Gewalt gibt es überall, Raubüberfälle und das ganze andere Zeug ebenfalls. Aber Khayelitsha, wenn du in Khayelitsha aufwächst, das ist, als würdest du ... Ich weiß nicht, wie ich es sagen soll ... Ich liebe Khayelitsha einfach. Es ist ein guter Ort, um erwachsen zu werden. Hier sind meine Freunde, die Familie, einfach alles.

Unsere Wohnung hat drei Schlafzimmer, Küche und Bad. Mein jüngerer Bruder teilt sich das Zimmer mit Mama. Meine große Schwester und ich haben jeder ein eigenes Zimmer."

„Irgendwann im Oktober 2013 ist mir langweilig gewesen. Ich hatte an dem Tag keine Prüfung. Es war mein Abijahr. Ich habe meine Freundin angerufen und ihr gesagt, sie soll rüberkommen, ein bisschen chillen bei mir zu Hause. Sie ist dann vorbeigekommen. Sie ist hereinspaziert, und bald ist es ziemlich gemütlich geworden. Auf eine spezielle Art gemütlich. Eins hat zum anderen geführt – irgendwann gab es kein Halten mehr!

Ein paar Monate später wurde ihr Bauch zusehends dicker. Erst dachten wir, da wäre nichts, sie würde einfach zunehmen. Aber dann wurde sie runder und runder, sie war also definitiv schwanger. Wir haben uns entschlossen, das Kind zu behalten. Abtreibung war keine Option. Sie war meine Freundin. Das ist sie immer noch.

Zuerst hatte ich Angst. Dachte, was mach ich jetzt bloß? Wie soll ich das meiner Mutter beibringen?

‚Komm, setz dich mal hin, ich muss dir was erzählen‘, habe ich eines Morgens zu ihr gesagt.

‚Siwiwe! Siwiwe, jetzt sag bloß nicht, dass du Vater wirst.‘

Ich war schockiert. ‚Woher weißt du das, Mama?‘

‚Du hast mir noch nie gesagt, ich soll mich mal hinsetzen‘, hat sie geantwortet.

Ich hatte gehofft, Mama würde das Baby akzeptieren. Ich wollte nicht, dass meine Freundin abtreiben muss. Zum Glück hat meine Mutter noch rechtzeitig ihren Frieden damit gemacht. Für die Familie meiner Freundin war es auch okay. Sie sind hergekommen, um meiner Mutter mitzuteilen, was wir angestellt hatten. Wir mussten zahlen. Ich hab damals noch nicht gearbeitet. Aber zwei Monate bevor das Baby auf die Welt kam, habe ich einen Job bei Simba bekommen, in der Kartoffelchipsfabrik.

Ende Mai 2014 habe ich als einfacher Arbeiter bei Simba begonnen. Wir mischen die Gewürze und achten drauf, dass die Zusammenstellung stimmt. Dann schicken wir sie in eine andere Abteilung, wo geprüft wird, ob es der richtige Geschmack ist, ob die Zutaten in Ordnung sind und so weiter. Ich fange um Mitternacht an und hör morgens um sieben Uhr auf.

Meine Mutter redet nicht viel. Aber manchmal, wenn sie mich mit einem Mädchen sieht, kann sie sich's nicht verkneifen und sagt: ‚Hoffentlich benutzt ihr ein Kondom.‘ Ich antworte meistens gar nicht darauf.

Meine Mutter wollte, dass ich erst die Schule fertig mache. Und dann auf die Uni gehe. Sie hat gesagt, danach stünde mir alles offen. Aber das andere war eben nicht geplant. Es ist halt einfach passiert.

In der Schule haben sie auch über Sex und Kondome geredet, vor allem im Lebensorientierungsunterricht und in den Biowissenschaften. Die meisten Lehrer haben über Sex und Kondome geredet, über HIV und Aids, über Mädchen und Jungs und das alles.

Wenn ich über meine Identität nachdenke, fällt mir als Erstes ein, dass ich Xhosa bin. Ich bin jetzt ein erwachsener Mann. Im Dezember 2012 hatte ich meine Initiation. Deswegen musste ich extra zurück ans Ostkap reisen. Mir blieb nichts anderes übrig, als dafür zu meinem Vater zu gehen. Er war also bei meiner Initiation dabei.

Da ich schon so lang in Kapstadt lebe, war es eine gute Erfahrung für mich, wieder mal im Dorf zu sein. In den Dezemberferien bin ich immer nur kurz dort gewesen. Ich wollte nicht länger bleiben, weil ich mich inzwischen an Kapstadt gewöhnt hatte.

In dem Jahr sind viele aus unserem Dorf dorthin zurückgekehrt. Ich bin mit dem Sohn meines Großvaters hingefahren. Er ist älter als ich. Ich habe als Erster gesagt, dass ich in diesem Jahr hingehen will. Er war noch gar nicht auf den Gedanken gekommen und wollte erst im nächsten Jahr zur Initiation. Alle meine Freunde haben es getan, also musste ich auch. Ich wollte nicht hintanstehen. Für meine Mutter kam alles ein bisschen plötzlich. Ich habe ihr im August gesagt, dass ich's im Dezember tun will. Ich dachte, ich mach erst mein Abitur, und dann geh ich zur Initiation.

Wenn du das mitgemacht hast, ist alles anders. Du lernst, was Respekt ist. Du kommst als anderer Mensch da raus. Du weißt, was richtig und falsch ist. Man bringt dir bei, was du zu tun und zu lassen hast. Darum geht es und darum, was du im Leben erreichen willst. Und wie du dich um deine Familie zu kümmern hast. Denn als Mann musst du in der Lage sein, für deine Familie zu sorgen. Als Mann im Haus musst du sicherstellen, dass der Hof sauber ist. Als Mann musst du drauf achten, dass Türen und Tore abgeschlossen sind, bevor du ins Bett gehst. Und du solltest als Erster wach sein, falls draußen irgendwelche Geräusche zu hören sind. Wenn du arbeitest, solltest du dafür sorgen, dass was zu essen auf den Tisch kommt. Und nicht etwa ausgehen und das ganze verdiente Geld versaufen.

Während der Zeit im Dorf war das Verhältnis zu meinem Vater in Ordnung. Wir konnten miteinander reden. Ich hab's ihm gesagt, wenn irgendwas nicht stimmte. Und er hat mir jedes Mal einen guten Rat gegeben.

Aber ich hatte immer im Hinterkopf, dass dieser Mann uns schon vor einer Ewigkeit verlassen hat. Er ist nur wegen dieser Sache, der Initiation, zurückgekommen. Danach gehen wir wieder getrennte Wege. Das war alles, was ich von ihm wollte. Nur während der Zeit dort hatten wir eine Vater-Sohn-Beziehung. Zumindest haben wir so getan.

Ich weiß, dass ich nicht mehr sein Lieblingssohn bin, ich hab ihm nämlich gesagt, dass es nicht okay war, was er getan hat. Ich bin jetzt ein Mann. Ich muss die Fehler beim Namen nennen. Ich musste ihm sagen, dass es nicht in Ordnung war, was er gemacht hat.

Nicht, dass ich irgendwas von ihm will, ich kann nämlich jetzt gut für mich selber aufkommen. Aber was ist mit dem Kleinen, der ist noch nicht erwachsen, der geht noch zur Schule, was ist mit meinem jüngeren Bruder? Was soll er anziehen? Hat er was zu essen? Woher bekommt er seine Bücher, Schultaschen, Schuhe und das alles? Sein Vater kümmert sich nicht um ihn.

Als ich ihm das gesagt habe, hat er nur gefragt: ‚Was sagt denn deine Mutter dazu?‘ Keine Ahnung, was meine Mutter dazu sagen soll. Er ist mitverantwortlich für den Unterhalt für den Kleinen.

Ohne ihn sind wir jetzt eigentlich glücklich. Manchmal ist es sogar eine Erleichterung. Aber manchmal sehne ich mich eben auch nach einem Vater, der da ist. Doch nach allem, was wir durchgemacht haben, denke ich, heute ist es besser als früher. Meine Mutter und ich bemühen uns darum, dass immer was zu essen auf den Tisch kommt. Wir wollen, dass mein jüngerer Bruder in einer guten Familie aufwächst."

Wir fragen Siviwe nach seinen Träumen und wie er sich die Zukunft vorstellt.

„Ich will wieder zur Schule gehen", sagt er. „Das ist mein Hauptziel. Ich will auf die Oberstufe oder nach Möglichkeit zurück aufs Rosebank-Privatcollege, um einen besseren Abschluss zu kriegen. Ich mag Sport. Ich wollte immer Sportmanager werden. Dieses Jahr hab ich bei Silulo Ulutho Technologies einen Computerkurs gemacht und meine Kenntnisse vertieft."

Ich frage ihn, ob er sich für die Landespolitik interessiert.

„Ja, das interessiert mich. Ich hatte in der Schule Geschichte. Bei den letzten Wahlen habe ich gewählt. Wenn ich in der Politik wäre, würde ich dafür sorgen, dass die Parteien und deren Führer anders übereinander reden.

Ich denke, es ist wichtiger, genug zu haben anstatt mehr. Manche Leute haben gar nichts. Ich wäre zufrieden, wenn ich genug hätte, und würde Leuten helfen, die nichts haben. Ich glaube, es geht nicht mehr um Weiß oder Schwarz. Es geht um Bildung und darum, welche Ausbildung du hast. Wenn ich besser für den Job qualifiziert bin als ein Weißer, bekomme ich sicher den Job. Bei Simba gibt es alles: Farbige, Inder, Weiße und so weiter. Alle sind gleichgestellt. In meinem Bereich gibt es genauso viele weiße Leute wie Farbige, Inder oder Schwarze. Im Management sind mehr Farbige als Schwarze oder Weiße. Und alle kommen gut miteinander aus.

Ich habe Hoffnung ... Im Vergleich dazu, wo wir vor zehn Jahren waren, sind wir inzwischen schon ganz schön weit gekommen. Wir haben es sogar bis zum Gastgeberland für die Fußballweltmeisterschaft gebracht ... Vor zehn Jahren hätten wir das nie für möglich gehalten. Und Leute von außerhalb kommen hierher. Wir sind ein ziemlich gutes Land, ein Land, das sich entwickelt."

JOOST STRYDOM

Aufwachsen im Afrikaanerparadies

MELANIE VERWOERD

Die Ortschaft Orania liegt in der trockenen Provinz Nordkap. Der Ort ist winzig – ungefähr neun km² Fläche – und hat nicht mehr als 1200 Einwohner. Auf der R 369 könnte man leicht dran vorbeifahren. Und dennoch ist Orania häufiger in den Medien als die meisten Großstädte auf der Welt.

Ursprünglich wurde Orania 1963 vom Amt für Wasserwirtschaft gegründet, um die an der Errichtung des Vanderkloof-Damms beteiligten Arbeiter unterzubringen. Nach Abschluss der Dammbauarbeiten zogen die meisten Arbeiter weg, und der Ort wurde dem Verfall überlassen.

Im Dezember 1990 erwarben etwa 40 Afrikaanerfamilien unter der Führung von Carel Boshoff, dem Schwiegersohn des ehemaligen Premierministers Hendrik Verwoerd, die heruntergekommene Ortschaft für rund zwei Millionen Rand.

Erklärtes Bestreben Oranias ist es, als ein möglichst autarkes Gefüge, das die Sprache und Kultur der Afrikaaner lebendig erhält, einen Stützpunkt für die afrikaanische Identität zu schaffen, aus dem sich mit der Zeit eine afrikaanische Mehrheit am Nordkap begründen lässt. Offiziell ist jeder, der sich mit der Kultur der Afrikaaner und ihrer Identität identifiziert, als Bewohner in Orania willkommen. Es überrascht nicht, dass Orania dadurch zu einer vollständig weißen Enklave geworden ist.

Zum ersten Mal besuchte ich Orania im Jahr 1994, gleich nach den Wahlen, aus Anlass einer Verwoerd-Familienzusammenkunft. Nachdem wir – mein Mann, zwei Kinder und ich – einige Jahre zuvor dem ANC beigetreten waren, beschloss ich, hinzugehen und der Familie versöhnlich die Hand zu reichen. Ganz entgegen unserer Erwartung verlief das Wochenende erfreulich, bis auf den Umstand, dass meine fünfjährige Tochter ihren Afrikaanercousinen unbedingt ANC-Freiheitslieder beibringen wollte und mein dreijähriger Sohn darauf bestand, mit jedermann Englisch zu sprechen.

Ich kam mit einer Menge vorgefasster Meinungen nach Orania – sie basierten vor allem auf Medienberichten, doch nach dem Wochenende (und einigen nachfolgenden Besuchen) musste ich anerkennen, dass der Ort und auch die entsprechenden Sachverhalte viel komplexer waren als erwartet. Obwohl ich mit ihren ideologischen und politischen Ansichten keineswegs einverstanden war, konnte ich die Bewohner und ihre Ideale auch nicht so einfach als grob rassistisch und rückständig abtun. Und doch war ich nicht überzeugt, dass das ganze Konzept überdauern würde, die ärgsten Befürchtungen gegenüber dem „Neuen Südafrika" waren aber erst einmal gebannt.

Rund 21 Jahre nach meinem ersten Besuch interessierte ich mich für die Erfahrungen und die Weltanschauung eines jungen Menschen, der zur ersten Generation der Bewohner Oranias gehörte und dort aufgewachsen war.

Bei meiner ersten Begegnung mit Joost Strydom nennt er mich freundlich „Mevrou" oder „Mam", obwohl ich ihn bitte, mich beim Vornamen zu nennen. Er besteht darauf, da man ihm wie den meisten traditionell erzogenen afrikaanischen Kindern beigebracht hat, es sei unhöflich und respektlos, jemanden zu duzen, der älter ist als man selbst.

Obwohl Joost nicht in Orania geboren wurde (als seine Eltern von Pietermaritzburg hierherzogen, war er zwei Jahre alt), setzt seine Erinnerung hier ein. Sein Vater Johan, der Arzt war, und die Mutter Lida mieteten ein Haus im Ort. Als ein kleines Nachbargrundstück zum Verkauf angeboten wurde, zogen sie dorthin, um ihren Traum von der Landwirtschaft zu verwirklichen.

„Es gab buchstäblich gar nichts", erzählt Joost. „Weder Wasser noch Strom noch Kanalisation. Wir lebten wirklich wie Pioniere und haben mit der Zeit alles von Grund auf selbst aufgebaut. Heute haben wir ein schönes Haus und alles, was wir brauchen."

Obwohl Johan zunächst eine Arztpraxis betrieb, gab er diese bald auf und widmete sich ganz der Farm. „Wir haben von allem ein bisschen, aber unsere Haupteinkommensquelle ist die Pekannuss", sagt Joost.

Außerdem erwarben sie einen Laden im Ortskern, *Die Kontreiwinkel*, den Lida bis vor ein paar Jahren führte.

Joost beschreibt seine Kindheit als idyllisch. „Schöner hätte man es sich nicht vorstellen können. Wir hatten so viel Freiheit. Meine Mutter erzählt heute noch, wie wir bis weit nach Mitternacht im Dorf gespielt haben und herumgeradelt sind, und nie ist etwas passiert."

Joost und seine Freunde haben tagsüber am Fluss gespielt oder vor dem elterlichen Laden, sind geritten und haben ausgiebige Picknicks veranstaltet. „Für Kinder war es das reinste Paradies", sagt er wehmütig.

Joost wurde zu Hause unterrichtet. Seine beiden älteren Schwestern, Nikka und Monja, gingen zur Schule, aber ab der dritten beziehungsweise vierten Klasse fanden ihre Eltern, sie würden mehr von der Grundschulzeit profitieren, wenn sie sie zu Hause unterrichteten.

„Meine Eltern sind ein bisschen alternativ." Joost lacht.

„Meinen ersten offiziellen Schultag hatte ich mit 13, können Sie sich das vorstellen? Ich habe mich aber trotzdem gut eingewöhnt. Sicher hat es geholfen, dass ich immer mit den hiesigen Schulmannschaften zusammen Sport gemacht habe. Es war ja ein kleiner Ort, deshalb hatten sie immer zu wenig Leute im Team, und du musstest dich damit abfinden, dass in deinem Rugbyteam ständig ein paar Spieler fehlten."

Es gibt zwei Grund- und zwei Mittelschulen in Orania. Joost besuchte die Volksskool Orania, auf der etwa 120 Schüler waren. Seiner Auskunft nach wächst sie rasant, denn mittlerweile gehen sogar Kinder aus Pretoria dorthin. Obwohl er sie als „typische kleine Dorfschule" beschreibt, weiß ich aus erster Hand, dass die Schule alles andere ist als das. Die Schule wird nach sehr fortschrittlichen Lehrmethoden geführt. Im Unterricht kommen Computer zum Einsatz, und die Kinder absolvieren den Lehrplan mit Unterstützung der Lehrer im eigenen Tempo. Was zur Folge hat, dass sie dem üblichen Lehrplan oft Monate, wenn nicht Jahre voraus sind. Zudem beträgt die Erfolgsquote bei den Abschlussprüfungen der zwölften Klasse in der Regel 100 Prozent.

Entgegen meiner eigenen Vermutungen ist Joost fest davon überzeugt, dass eine solch kleine Schule große Vorteile für die Sozialisierung bringt. Er beschreibt sie als intimen Rahmen, in dem jeder den anderen kennt und niemand sich ausgeschlossen fühlt.

„Jeder kannte jeden, und alle waren wir miteinander befreundet, sogar die Pausen haben wir miteinander verbracht."

Politik spielte für sie von klein auf eine Rolle.

„Wenn du in Orania aufwächst, gehören Journalisten zu deinem Alltag", sagt er. „Und wie Journalisten halt so sind, suchen sie immer nach etwas Kontroversem, vor allem, wenn es in ihr vorgefertigtes Bild passt. Das ist uns ganz früh eingeschärft worden. Wir mussten wissen, wofür Orania steht, damit wir nicht aus Versehen etwas sagten, was dann falsch verstanden wird."

„Die Journalisten haben mit den Schulkindern gesprochen?", frage ich überrascht.

„Ja, und zwar ziemlich oft. Ich glaube, sie haben sich gezielt Kinder herausgepickt, in der Hoffnung, dass ihnen etwas Brisantes herausrutscht. Aus dem Grund wurden wir schon von klein auf mit der Ideologie vertraut gemacht, damit, wofür Orania steht."

Ich will wissen, für welche Ideologie Orania seiner Meinung nach steht. Er zählt sofort auf, wofür Orania nicht steht. „Es geht nicht um Apartheid oder Rassentrennung", sagt er bestimmt. „Es geht einfach darum, anzuerkennen, dass wir eine Kultur haben, die wir ausüben und schützen wollen. Selbstverständlich haben andere Gruppen ebenfalls ihre Kulturen, und die sollen sie genauso ausüben. Nur haben wir eben nicht das Gefühl, immer genügend Raum im übrigen Südafrika zu haben, um die für uns charakteristische kulturelle Identität zum Ausdruck zu bringen." Er macht eine Pause und fügt hinzu: „Erinnern Sie sich, dass Mandela vor Jahren gesagt hat, wir sollen ein Modell entwerfen, für das er einstehen kann? Ich denke, genau das haben wir getan und tun wir immer noch. Unsere Lebensweise und unser Handeln gehen nicht zulasten anderer. Wir glauben, sie können sogar von Nutzen für Kulturen sein, die sich uns verwandt fühlen."

Ich spüre, dass er mir ein Stück weit die „offizielle Parteilinie" vorbetet, und befrage ihn zum Thema „Rasse" und ob sie in Oranias Ideologie eine Rolle spielt.

Er seufzt auf. „Schlecht informierte Menschen versuchen uns natürlich oft mit der Rassenfrage aufs Glatteis zu führen. ‚Rasse' steht bei uns nicht im Vordergrund. Bei uns steht die Kultur der Afrikaaner im Vordergrund. Unserer Meinung nach ist jeder,

der sich der Kultur der Afrikaaner verbunden fühlt, hier sehr willkommen. In Orania leben in der Tat Leute, die nicht denselben geschichtlichen Hintergrund haben wie wir, aber wenn sie sich mit unserer Religion, Kultur und Geschichte identifizieren und sich damit umgeben wollen, sind sie herzlich willkommen."

Ich weiß, dass er Europäer meint, also fordere ich ihn heraus. „Ist das denn tatsächlich so?", frage ich. „Wenn eine farbige oder schwarze Familie herkommt und sagt, wir sprechen Afrikaans und wir identifizieren uns mit der Geschichte der Afrikaaner, dann würde man sie in Orania wirklich willkommen heißen?"

Joost antwortet umgehend. „Ich glaube, die Frage ist, wer bestimmt oder definiert, wer ein Afrikaaner ist. Es gibt liberale Afrikaaner, und es gibt Steve-Hofmeyr-Afrikaaner. Leute, die hier leben wollen, müssen Orania-Afrikaaner sein."

„Und was heißt das?"

„Das ist ebenfalls schwer zu definieren, denn selbst wir hier in Orania sind nicht alle gleich. Aber wenn ich mich dazu äußern müsste, würde ich sagen, das sind Leute, die auf Eigenständigkeit setzen – die ihre Arbeit selbst erledigen ... Wissen Sie, viele Leute bezeichnen uns als Rassisten, weil wir unsere Arbeit allein machen, anstatt zum Beispiel eine schwarze Lady dafür anzustellen. Ich sehe das ganz anders. Für mich ist es rassistisch zu denken, dass eine schwarze Frau hinter einem herräumen muss. Die Tatsache, dass ich meine Drecksarbeit selbst erledige, macht mich meiner Meinung nach noch lang nicht zum Rassisten."

Joost klingt etwas aufgebracht. Er kommt auf seine Definition eines Orania-Afrikaaners zurück. Neben dem Glauben an die Eigenständigkeit, erklärt er, müssen sie sich auch an christliche Werte halten und die gemeinsame Geschichte teilen. Das macht natürlich einen gewaltigen Unterschied, weshalb ich ihn nach seiner Vorstellung von „gemeinsamer Geschichte" befrage.

„In meinen Augen ist Geschichte eine Frage der Perspektive", sagt er. „Was für einen Menschen oder eine Gruppe von Menschen wichtig ist, muss nicht auch wichtig für eine andere Gruppe sein. Wir glauben, dass jede Gruppe ihre eigene Geschichte feiern dürfen sollte. Orania-Afrikaaner sind also diejenigen, die dieselbe Sache am selben Tag in gleicher Weise feiern wollen wie wir." Er ruft mir die öffentlichen Feiertage von Orania ins Gedächtnis, wie Majubatag, Gründungstag (der Tag, an dem Jan van Riebeeck in Südafrika anlandete), Heldentag (Paul Krugers Geburtstag) und der Tag des Gelöbnisses.

Die eigenen Feiertage sind nicht das Einzige, was Orania vom Rest Südafrikas unterscheidet. Sie haben auch ihre eigene Währung, genannt Ora, die nur in Orania Gültigkeit hat. Abgesehen davon, dass sie Zeichen ihrer Unabhängigkeit ist, fördert die Verwaltung damit Investitionen innerhalb der Gemeinde und sorgt dafür, dass das Geld vor Ort bleibt.

„Natürlich geht es auch um Sicherheit. Niemand setzt einem Ladeninhaber die Pistole an den Kopf, um ihm ein paar Tausend Ora zu stehlen, da man sie nirgendwo anders ausgeben kann!" Joost lacht.

Es frustriert ihn, wenn die Orania-Bewegung mit den Amish in den Vereinigten Staaten verglichen wird. „Natürlich werden wir regelmäßig gefragt, ob wir Satellitenfernsehen und Strom haben oder ob wir immer noch auf Pferden herumreiten ..."

„Ich habe hier schon viele Menschen reiten sehen", falle ich ein.

Er lacht. „Ja, das schon, aber es ist nicht unser Haupttransportmittel! Im Ernst, wir sind ziemlich technikfixiert und versuchen, nicht nur mit den Entwicklungen Schritt zu halten, sondern ihnen sogar voraus zu sein, wie zum Beispiel in der Schule oder mit unserem ökologischen Engagement. Wir unterscheiden uns massiv von den Amish. Außerdem studieren viele unserer jungen Leute an Universitäten in ganz Südafrika."

Joost absolviert gerade das dritte Studienjahr in Anthropologie und Kommunikationswissenschaften an der North-West University. Potchefstroom ist zwar keine große Stadt, hat aber 125-mal so viele Einwohner wie Orania und ist eindeutig stärker gemischt. Ich vermute, dass er sich daran erst einmal gewöhnen musste. Joost sagt, im akademischen Betrieb habe er keine größeren Anpassungsschwierigkeiten gehabt, da die individuell ausgelegten Unterrichtsmethoden seiner Schule ihn auf eigenständiges und selbstdiszipliniertes Arbeiten vorbereitet hatten. Ebenso hat er bereits früh im Leben für seinen eigenen Unterhalt gesorgt, was daher auch keine große Herausforderung für ihn darstellte. In politischer Hinsicht herausfordernd, das gibt er zu, sei es allerdings gewesen. Ich vermute sofort, dass er auf die unterschiedlichen Bevölkerungsgruppen und die politischen Ansichten auf dem Campus anspielt, doch seine Erläuterung überrascht mich.

„Nein, es war eine Herausforderung, an der politischen Debatte beteiligt zu bleiben. In Orania mussten wir uns engagieren, ob wir wollten oder nicht. Aber hier kannst du den ganzen Tag auf deinem Zimmer verbringen und Seminare besuchen oder dich unter die Leute mischen, wann du willst. Also muss man sich zwingen, dranzubleiben."

Er erklärt weiter, dass er im Studierendenrat ist und sich auch im Jungen AfriForum engagiert.

Wie reagieren die Mitstudenten, wenn sie erfahren, dass er aus Orania kommt?

Er seufzt, dann lacht er. „Es gibt zwei Standardreaktionen. An beiden will ich arbeiten. Die erste ist die von den eher liberalen Leuten, die sich nicht mit mir einlassen wollen, da sie uns für eine Horde von Rassisten halten. Die andere Standardreaktion ist die derjenigen, die dir gleich einen rassistischen Witz erzählen wollen, wenn sie hören, dass du aus Orania kommst. Beide sind gleichermaßen uninformiert und inakzeptabel für mich."

„Und schwarze Studenten? Wie reagieren die?"

„Die gehen natürlich erst einmal davon aus, dass wir Rassisten sind, bis sie uns kennenlernen. Viele schwarze Studierende sind mit mir im Studierendenrat, und wir kommen gut miteinander aus. Wir arbeiten zusammen, studieren zusammen und verbringen gemeinsam unsere Freizeit. Da gibt es überhaupt kein Problem."

Joost sieht sich eindeutig als Teil einer größeren Gruppe von Orania-Botschaftern, die die allgemein verbreiteten Vorurteile über ihren Heimatort abbauen wollen.

Ich frage ihn, wie er sich seine Zukunft vorstellt. Er gesteht ein, dass Orania nicht gerade viele Karrieremöglichkeiten für jemanden mit einem Abschluss in Anthropologie und Kommunikationswissenschaften bietet. Er sagt, er wolle reisen, mehr von Südafrika und der Welt sehen, vielleicht ein bisschen im Ausland arbeiten oder in einer der südafrikanischen Großstädte.

„Aber meine Wurzeln liegen in Orania", sagt er bestimmt. „Ich werde immer dorthin zurückkehren, und natürlich will ich, dass meine Kinder dort aufwachsen."

Er lacht, als ich das Thema der eingeschränkten Möglichkeiten bei der Partnerwahl aufbringe.

„Ja, das ist das Einzige, woran wir noch ein bisschen arbeiten müssen. Aber ich bin zuversichtlich, dass es kein großes Problem sein wird, jemanden nach Orania zu holen, um mit mir dort zu leben."

„Sind Sie sich da sicher?", stichele ich.

„Ja, das bin ich", sagt er lachend, aber bestimmt.

„Glauben Sie, dass Orania weiter bestehen wird?"

Er erklärt mir ausführlich, wie gut aufgestellt der Ort finanziell und im Dienstleistungsbereich sei. „Ich kenne keine andere Gemeinde unserer Größenordnung, die dasselbe von sich behaupten kann", sagt er. Und ich muss zugeben, ich auch nicht. „Wenn wir auf diese Weise weitermachen, steht uns eine große Zukunft bevor."

Erwartungsgemäß gilt diese positive Zukunftsprognose seiner Ansicht nach nicht für das Land insgesamt. Und doch verfällt er niemals in Verallgemeinerungen oder Rassenstereotypisierungen. Der Bildungsstand des Landes bringe ihn zur Verzweiflung, sagt er und drückt seine Besorgnis über die Zustände in den kleineren Gemeinden aus und über ein fehlendes Dienstleistungsangebot für Arme. Interessanterweise ist es die Einstellung, die ihn am meisten ärgert und ihm die größte Sorge bereitet.

„Ich weiß, dass viele Menschen die Schuld an solchen Dingen wie mangelnde Dienstleistungen einer bestimmten ‚Rasse' in die Schuhe schieben, was natürlich falsch ist. Unser Gründer, Carel Boshoff, hat immer gesagt, jede Generation müsse Verantwortung für ihre eigene Zeit übernehmen. Ich will, dass unsre Generation sich für ihre eigene Zeit wie auch für die Zukunft verantwortlich fühlt. Wir müssen die Einstellung haben, dass Fortschritt durch Kompetenz erreicht wird, und wir müssen wissen, wer wir sind und woher wir kommen."

„Wer also sind Sie?", frage ich.

„Ich bin Oranier, Afrikaaner und Südafrikaner – in dieser Reihenfolge", antwortet er wie aus der Pistole geschossen. „Und außerdem bin ich ein Strydom. Ich kenne meine Vergangenheit, weiß, wo ich innerhalb Südafrikas hingehöre, und ich habe eine Vorstellung von meiner Zukunft." Joost möchte noch etwas loswerden. „Die Leute sollen wissen, dass wir – anders als viele andere, die bloß herumsitzen, sich beschweren und andere ‚Rassen' für ihre Probleme verantwortlich machen – Teil einer Lösung sein wollen. Und zwar auf eine Weise, die nicht zum Schaden anderer ist. Deshalb möchte ich auch weiterhin Teil von Orania sein."

Dieser junge Mann hat mich beeindruckt – gebildet, eloquent, bedacht und natürlich äußerst gut erzogen. Er weiß sehr genau, wer er ist und wohin er gehört. Natürlich glaube ich immer noch nicht an die Grundregeln von Orania, und sie werden mich auch niemals überzeugen. Dennoch kann ich – anders als bei meiner ersten Orania-Erfahrung vor 21 Jahren – Joost und seine Anschauung nicht einfach als rassistisch abtun. Dafür ist er zu klug und zu überlegt.

ANDISIWE DYANTYI

Man hat mir meine Identität gestohlen

SONWABISO NGCOWA

Andisiwe Dyantyi steht draußen vor dem Dance-For-All-Gebäude in Athlone. Sie trägt pinkfarbene Nylons und ein blaues Oberteil. Ihr sorgfältig geflochtenes Haar glänzt schwarz. Sie hat die Statur einer Tänzerin.

„Ist das der, auf den du gewartet hast?", fragt der Wachmann sie mit einem Lächeln. „Aha, Sie kommen uns besuchen", sagt er an mich gewandt, und Stimmfall und Gesicht fragen: ‚Warum sind Sie hier?'

Ich muss mich in die Sicherheitsliste eintragen. „Ich komme auch zum Tanzen", sage ich.

Er prustet los, und Andisiwe und ich lachen mit ihm.

Nachdem ich meinen Namen, den Grund meines Besuchs und die Uhrzeit aufgeschrieben habe, führt mich Andisiwe die Treppe hinauf. Man hat uns das Sitzungszimmer zugewiesen. Sie öffnet die Fenster. Autos, Motorräder und Lastwagen knattern vorbei. Von der belebten Straße unter uns tönt lautes Hupen und Reifenquietschen zu uns herauf. Andisiwe legt einen Schlüssel, einen 20-Rand-Schein und ihr Mobiltelefon auf einen Stuhl neben sich.

Wir sind bereits eine Weile im Gespräch, als die Rede auf ihre Lehrerin kommt. Die Ellbogen auf den ovalen Tisch gestützt, Zeigefinger an den Schläfen, Daumen unter den Ohrläppchen, hält sie plötzlich inne. Eine lastende Stille entsteht. Sie lehnt sich zurück und schaut an die Decke. Dann lässt sie den Kopf fallen und hält sich die Hände vors Gesicht.

„Lass dir Zeit", sage ich.

Sie hebt den Kopf. Eine Träne rinnt ihr über die Wange und tropft auf den Tisch. Eine zweite. Ich habe kein Taschentuch bei mir. Andisiwe nimmt die Hände vom Gesicht, ihre Augen sind nass und gerötet.

„Lass dir Zeit", sage ich noch einmal. Stille. Ich weiß nicht, wie ich sie trösten kann. „Lass dir Zeit ...", sage ich und hasse mich selbst dafür, denn es klingt, als wollte ich sie antreiben. Ich überlege, ob ich ihr ein Taschentuch holen gehen soll.

„Schon gut. Ist schon gut", sagt sie und wischt sich die Tränen aus dem Gesicht. Mit zitternder Stimme fährt sie fort.

Davor, bevor ihr die Tränen gekommen sind, hat Andisiwe von ihrer Kindheit gesprochen.

„Ich kann mich noch genau ans Aufwachen erinnern", sagt sie. „Meine Knie waren voller Matsch. Die Hände habe ich aneinandergerieben, bis sie sauber waren. Ein wunderschöner Sommermorgen am Ostkap. Plötzlich lautes Knallen vom Himmel und krakelige Blitze aus blauem und gelbem Licht. Schwere Wassertropfen prasseln herunter. Ich musste mein *pophuis*, mein Puppenhaus, verlassen. Es war nicht das Wasser, vor dem ich davongelaufen bin, der Regen war schön erfrischend. Die lauten Geräusche haben mir Angst gemacht. Nach dem Regen bin ich wieder nach draußen gerannt und dort, wo mein *pophuis* stolz gestanden hatte, war nun eine Pfütze.

Meine Mutter Makhumalo stand auf der Veranda unseres Lehmhauses. ‚Spiel nicht im Matsch!', rief sie. Makhumalo ist der Clanname meiner Mutter. Jeder nennt sie so. Ich hab eine Weile abgewartet und überlegt, dass Makhumalo ja nicht die geringste Ahnung hat, wie toll Matsch sein kann.

Immer wenn Makhumalo meinen Namen gesagt hat, Andisiwe, hat sie ihn mit Stolz gesagt. Sie hat ihn mir gegeben, an meinem richtigen Geburtstag. Aber mein Geburtstag ist mir gestohlen worden. Der Tag, Monat, das Jahr – weg! Aber davon später mehr ...

Andisiwe heißt ‚vermehrt' oder von ‚höherer Zahl'. Makhumalo hatte nur eine Tochter, meine ältere Schwester Yalezwa, und meinen inzwischen verstorbenen Bruder Mzukisi. Sie betete für die Geburt einer Tochter. Sie wusste nicht, ob sie überhaupt noch Kinder bekommen konnte, denn während der Geburt ihrer Erstgeborenen hatte es Komplikationen gegeben. Dann erhörte Gott ihre Gebete und schickte mich auf die Welt.

1994 war Makhumalo 32 Jahre alt. Die Operationsnarbe von der ersten Geburt schmerzte häufig noch stark. Bloß fünf Minuten auf den Beinen, und alles tat ihr weh. Sie konnte gerade mal ein paar Kleinigkeiten im Haus erledigen.

Als ich 1994 auf die Welt kam, hatte mein Vater plötzlich an allem, was Makhumalo tat, etwas auszusetzen. Nach meiner Geburt hat er ihr nicht mal Geld für Windeln oder sonst was gegeben. Kein einziges Mal! Sobald er sein Gehalt bekam, ist er zu anderen Frauen gegangen. Er hat sein ganzes Geld mit ihnen durchgebracht. Nichts davon hat er zu Hause abgeliefert. Mzukisi und ich haben denselben Vater. Yalezwa ist von einem anderen Vater.

Als ich wieder ins Haus kam, hat mir Makhumalo Hände und Knie gewaschen. Sie hat mir saubere Sachen angezogen. ‚*Mntwan'am,* mein Kind, wir gehen nach Kapstadt', hat sie gesagt.

Ich habe sie nur angeschaut und nicht gewusst, was ich sagen soll. Dafür war ich ja noch viel zu klein, gerade mal fünf Jahre alt. Ich weiß noch, wie ich in die Hände geklatscht und gestrahlt habe. Und wie ich vor lauter Aufregung ständig mit der Zunge in meiner Zahnlücke gespielt habe.

Makhumalo ging davon aus, dass wir in Kapstadt eher Unterstützung bekommen würden. Mzukisi ließen wir bei der Familie im Dorf zurück.

Kapstadt sah ganz anders aus als das weitläufige Dorf, das ich kannte. Da waren viele Lichter, viele Leute und viele Häuser. Ein alter Bekannter meiner Mutter hatte uns eine Unterkunft in eMaholweni in der Nähe vom Nyanga-Busbahnhof beschafft. Aber Makhumalo war wild entschlossen, selbst etwas für sich zu finden. Sie wollte von niemandem abhängig sein.

Kurz nachdem wir uns in Kapstadt niedergelassen hatten, blühte Makhumalo auf. Sie hatte sich wieder verliebt. Was ihre Zärtlichkeit mir gegenüber aber in keiner Weise schmälerte. Mhlanga, der Mann, den sie kennengelernt hatte, zog bei uns in eMaholweni ein. Er hatte Arbeit und kam für uns auf.

Mhlanga schenkte Makhumalo einen Sohn, Thobela. Und wieder war sie überrascht, dass sie noch ein Kind bekam.

Ihre Entschlossenheit, ein eigenes Zuhause zu haben und von keinem Freund oder Mann abhängig zu sein, führte dazu, dass Makhumalo einen kleinen Obstladen aufzog. Sie kaufte Früchte auf dem Markt in Epping ein und brachte sie im Taxi zurück, um sie an die Leute in eMaholweni weiterzuverkaufen.

Irgendwann begann Mhlanga, der Mann, der bei ihr eingezogen war und von dem sie einen Sohn hatte, sich zu verändern. Er wurde gewalttätig und trug nichts mehr zum Familienunterhalt bei. Makhumalo musste schnell reagieren. Ich weiß noch, wie sie sich abhetzte. Sie wollte nicht, dass wir, ihre Kinder, mit ansahen, wie sie von einem Mann misshandelt wurde. Von den spärlichen Einkünften aus dem Verkauf von Äpfeln und Orangen konnte sie schließlich so viel zusammenknapsen, dass es für ein kleines Haus in Mkhonto, im östlichen Teil von Nyanga, reichte. 2003 zogen wir um nach Mkhonto. Thobela war da zwei, ich neun Jahre alt. Yalezwa bekam ihre erste Stelle in einem

Restaurant in Mitchells Plain. Mit ihrer Arbeit half sie Makhumalo, die Familie zu unterstützen.

Es dauerte aber nicht lang, da fing Thobela an herumzujammern. ‚Ich will nicht mehr hier wohnen. Hier gibt es ja nicht mal jeden Tag was zu essen. Und wenn es was gibt, dann reicht es nicht‘, sagte er mit steinernem Gesicht.

‚Aber Thobela, wir müssen eben teilen. Alles wird gut, du wirst schon sehen‘, versprach ich.

‚*Ndiya kutata*, ich geh wieder zu meinem Vater‘, weinte Thobela. Er wollte nicht bei jemandem sein, der gelegentlich knapp bei Kasse war. Wenn er etwas wollte, was Leckeres zu essen oder Süßigkeiten, dann wollte er es jetzt und sofort. Er kehrte schließlich zu seinem Vater zurück, der immer noch in eMaholweni arbeitete.

Ich war damals schon in der vierten Klasse der Liwa-Grundschule. Immer wenn ich von der Schule kam, lief bei Sis’ Nozi laute Musik. Sis’ Nozi war unsere neue Nachbarin in Mkhonto. Ich habe schon immer gern getanzt. Sis’ Nozi ist aufgefallen, wie gern ich tanze. Sie hat gemerkt, wie beweglich ich bin. Wenn mich jemand aufgefordert hat, *itwetwe*, Spagat, zu machen, kein Problem. Außerdem kam ich mit den Beinen ziemlich hoch.

Eines Tages hat Sis’ Nozi mich gebeten, sie zu begleiten. Es war nicht das erste Mal. Normalerweise hat sie mir immer gesagt, wo wir hingingen. An dem Tag aber tat sie es nicht. Sie nahm mich mit zur Walter-Teka-Schule, nicht weit von da, wo wir wohnten. Die Schule war vor allem auf Tanz ausgerichtet. In der Walter-Teka-Schule habe ich mit Tanzen angefangen. Nach dem Unterricht bin ich in die Walter-Teka-Schule gerannt, um das zu tun, was ich am liebsten tat. In der fünften Klasse an der Liwa-Grundschule bekam ich eine neue Lehrerin, Ms Kholiwe. Von da an wurde es für mich schwierig. Nach unserer ersten Begegnung kam ich mit roten Augen nach Hause.

‚*Undibethile mama*, sie hat mich geschlagen!', beklagte ich mich mit zitternder Stimme bei meiner Mutter.

‚*Intoni*, wie bitte?'

‚M ... M ... Ms Kholiwe hat herausgefunden, dass ich auf eine andere Schule zum Tanzen gehe. Sie hat mir gesagt, ich soll nirgendwo anders tanzen. Sie hat gesagt, ich soll nur in unserer Schule tanzen. Dann hat sie mich geschlagen. Sie hat mich auf die Hand und auf den Po geschlagen.'

Meine unbeschwerte Kindheit war vorbei. Ms Kholiwe schlug mich nicht nur, sie schrie mich immer wieder an, ich solle nicht in eine andere Schule tanzen gehen. Für mich war das extrem schlimm. In unserer Schule konnte ich nur einmal pro Woche tanzen, manchmal fiel der Tanzunterricht auch ganz aus. Auf der Walter-Teka-Schule konnte ich viel öfter tanzen, und ich bekam den Tanzunterricht, den ich wollte. Ich habe mich dort viel wohler gefühlt als auf meiner Schule.

‚Hör nicht auf zu tanzen. Das ist deine große Leidenschaft. Folge deinem Herzen, mein Kind', sagte Makhumalo.

Ich bin weiter zum Tanzen in die Walter-Teka-Schule gegangen. Aber meine Klassenkameradinnen sind mir in den Rücken gefallen. Sie haben Ms Kholiwe erzählt, dass ich wieder auf der Walter-Teka-Schule war. Sie haben genau gewusst, dass ich Prügel bekommen würde. Ich wusste es auch. Jedes Mal. Aber beim Tanzen habe ich es wieder vergessen. Jedenfalls ein bisschen.

‚Was hast du auf dieser Schule zu suchen?', hat Ms Kholiwe gebrüllt und mich zur Schnecke gemacht. Sie hat mich geschlagen – wieder und wieder hat sie auf mich eingeschlagen.

Nachdem sie jedes Mal, wenn ich aus der Schule kam, neue Spuren an meinem Körper entdeckte, schritt Makhumalo zur Tat. Sie hatte erkannt, wie sehr ich innerlich unter den Verletzungen litt. Jedes Mal, wenn ich nach Hause kam, klagte ich:

‚Mama, *kubuhlungu apha, nalapha, naphaya,* es tut mir hier weh, hier und hier.' Mein ganzer Körper tat weh.

Makhumalo ging in die Schule, um Ms Kholiwe zur Rede zu stellen. Die stritt ab, dass sie mich schlug. Makhumalo wandte sich an die Klasse. Einige bestätigten, dass ich die Wahrheit sagte. Sie sagten, es geschehe jeden Tag. Makhumalo sprach mit der Direktorin.

Die Direktorin forderte Ms Kholiwe auf, mich nicht mehr zu schlagen und mich außerhalb der regulären Schulzeit tun zu lassen, wonach mir der Sinn stand. Man wisse ja nicht, wohin mich das Tanzen noch führen könne. Aber Ms Kholiwe sah sich überhaupt nicht im Unrecht, sondern empfand sich im Gegenteil selbst als betrogen und nicht respektiert. Sie hat mir das Leben in der Schule auch weiterhin schwer gemacht.

Im Unterricht hat mich Ms Kholiwe absichtlich übersehen. Hatte ich bei einem Test 80 Prozent, schrie sie herum und beschimpfte mich, ich würde mich ja nur fürs Tanzen interessieren. Sie hat mir auch negative Bemerkungen ins Zeugnis geschrieben, obwohl ich gute Noten hatte.

Nach der siebten Klasse konnte ich endlich die Schule wechseln, was ich auch tat. Ich wechselte auf die Walter-Teka-Schule, die bis zur neunten geht. Von dem Moment an, da ich meine Tanzleidenschaft leben konnte, öffneten sich mir auch andere Türen.

Sis' Nozi, empfahl mich Sis' Hope von *Dance For All*, mit der sie befreundet war. Als ich zu *Dance For All* kam, wusste Sis' Hope bereits von mir. Am ersten Tag probten wir afrikanische Tänze. Sis' Hope sagte, ich solle am nächsten Tag zum Ballettunterricht kommen. Ich wusste nicht, was das Wort Ballett bedeutet! Ich dachte, es sei so etwas Ähnliches wie die afrikanischen Tänze, die wir am ersten Tag eingeübt hatten. Dann erinnerte ich mich, dass ich im Fernsehen schon mal Ballett gesehen hatte, aber dachte, nur Weiße würden so tanzen. Ich wusste nicht, dass es auch schwarze Balletttänzer gab. Im Fernsehen hatte ich immer nur Weiße Ballett tanzen sehen.

Am nächsten Tag ging ich zu *Dance For All* und lernte dort Ms Margie kennen. Auch sie hatte schon von mir gehört. Ich kam barfuß zum Unterricht. Ich war die Einzige, die keine Schuhe trug. Alle kamen in ihren hübschen Trikots – damals nannte ich es Badeanzug. Margie holte einen Satz solcher Trikots aus ihrer Tasche und überreichte ihn mir mit einem Lächeln.

Die erste Ballettstunde war extrem hart. Die anderen wussten genau, was sie zu tun hatten, und ich machte ihnen alles nach. Manchmal musste ich weinen, weil ich keine Ahnung hatte, was da los war. Ich sollte auf Zehenspitzen tanzen. Aber das fiel mir sehr schwer. Ich wusste nicht, wie es ging. Ich spannte beim Tanzen die Bauchmuskeln nicht an. ‚Bauch rein‘, hörte ich jemanden rufen.

Am nächsten Tag hatte ich überall Muskelkater und war drauf und dran, den Unterricht zu schmeißen. Ich war afrikanischen Tanz gewöhnt. In solchen Stunden konnte ich mich entspannen und tun, was immer ich wollte.

Nach Abschluss der neunten Klasse besuchte ich die Sinethemba Highschool in Philippi, wohin wir inzwischen umgezogen waren. Nach der Schule fuhr ich jeden Tag mit dem Taxi nach Nyanga. In Nyanga wechselte ich auf das Taxi oder den Bus nach Athlone. Um das Fahrgeld musste ich ziemlich kämpfen. Die Einzige in unserer Familie, die arbeitete, war Yalezwa. Sie verdiente nicht viel. Sie arbeitete in einem Restaurant für 500 Rand die Woche. Davon musste sie das Taxi und den Zug für sich selbst bezahlen, dazu noch das Essen für uns zu Hause und unser aller Unterhalt. Es reichte nicht.

Das Leben war hart. Ich konnte es mir nicht leisten, mit dem Tanzen weiterzumachen. Derart in der Sackgasse, sagte ich Sis’

Hope, ich hätte mich entschlossen, mit dem Tanzen aufzuhören, weil meiner Familie das Geld dazu fehle. So schlimm stand es.

Aber Sis' Hope hatte eine Idee. Sie bat ihren Freund, mich zum Tanzunterricht zu fahren. Einen ganzen Monat lang hat er das getan. Aber nach einem Monat bekam er eine Arbeit, bei der er das Auto brauchte. Er konnte mich nicht mehr mitnehmen. Wieder sah es so aus, als müsste ich mit Tanzen aufhören. Da hat Sis' Hope mit Philip Boyd geredet, dem Geschäftsführer von *Dance For All*. Sie haben die Sache mit meinen Fahrtkosten mit meiner Ballettlehrerin Margie besprochen. Sis' Hope hat mir weiter jeden Tag 20, manchmal sogar 30 Rand gegeben. Ich brauchte zwei Taxis, um zu *Dance For All* zu kommen. Dann hat *Dance For All* meine Fahrtkosten übernommen, und abends hat mich immer ein Kombi nach Hause gebracht.

2011 hat *Dance For All* Besuch von Leuten aus England bekommen. Sie kamen schon zum zweiten Mal. Sie haben Ballett und andere Tänze unterrichtet. Philip Boyd hat mich gerufen und mir mitgeteilt, man habe mich ausgewählt, nächstes Jahr nach London zu gehen. Ich war damals in der zehnten Klasse und musste wiederholen. Aber ich habe mir geschworen, mit der Schule weiterzumachen. Meine Freunde, die nicht mehr zur Schule gingen, haben mich ausgelacht. ‚Da kommt ja unsere Ballerina!‘, haben sie gerufen, wenn ich irgendwo aufgetaucht bin. ‚Hat nichts als Tanzen im Kopf!‘ Ich hab mir nur gedacht, manchmal muss man sich durchkämpfen, irgendwann wird es dann schon besser.

Dance For All hat mich weiter unterstützt und mir auch geraten, auf der Schule zu bleiben. Sis' Hope meinte, jeder kann mal fallen, aber man muss wieder aufstehen, sich den Staub abklopfen und weitermachen.

Beim zweiten Anlauf hab ich die zehnte Klasse geschafft.

Wieder rief mich Philip Boyd zu sich, inzwischen war ich

in der Elften. Er sagte, wir müssten beim Einwohnermeldeamt Ausweise und Pässe für die Reise nach London beantragen. Völlig hin und weg rannte ich nach Hause, um meiner Mutter, meiner Schwester und meinen Freundinnen davon zu erzählen.

In der folgenden Woche machte sich ein Trupp von zwölf Leuten auf zum Einwohnermeldeamt in Wynberg. Wir wurden einzeln reingerufen. Als ich an der Reihe war, fragte mich die Dame, ob ich schon mal einen Pass beantragt hätte, was ich verneinte.

‚Sag die Wahrheit!‘ Die Dame erhob die Stimme.

‚Was denn für eine Wahrheit?‘

‚Du lügst‘, fuhr sie mir über den Mund. Immer wieder fragte sie nach der ‚Wahrheit‘. Ich kannte nur eine Wahrheit – dass ich zum ersten Mal einen Ausweis beantragte. Die Frau vom Einwohnermeldeamt fing an, mich zu beschimpfen. Sie rief einen Kollegen dazu. Der Mann brüllte auch und beschimpfte mich. Dann kam noch ein Offizieller und sagte: ‚So behandelt man keine Kinder. Das Mädchen besteht auf seiner Äußerung, also durchforsten Sie noch einmal das System.‘ Der Nette hat dann selbst im Computer gesucht. Er hat mir mehrfach Fingerabdrücke abgenommen.

‚Hier gibt es eine andere Frau mit genau denselben Daten‘, hat er gesagt und auf den Bildschirm gezeigt.

Ich hab es mir genau angeschaut. Die Frau hat viel älter ausgesehen als ich.

‚Kennst du die Frau auf dem Foto?‘, hat er gefragt.

‚Nein, ich kenn sie nicht‘, hab ich geantwortet. Ich hatte dieses Gesicht noch nie gesehen.

‚Die Frau auf dem Foto scheint *igweja* zu sein, Ausländerin‘, sagte der Mann vom Amt. ‚Kennst du diese Frau?‘, hat er wieder gefragt.

‚Nein, ich kenne sie nicht.‘

‚Wo sind denn deine Familienangehörigen? Die Frau auf dem Foto ist Andisiwe Dyantyi. Geboren am 5. Juni 1994. Alle Angaben sind genau wie bei dir‘, sagte er. Es war mein Geburtstag und mein voller Name, aber meiner Ansicht nach sah die Frau überhaupt nicht aus, als wäre sie 1994 geboren.

Der Mann von der Behörde hat mir erklärt, es komme öfter vor, dass Menschen die Identität von anderen stehlen. Aber für mich war es ein einziger, riesengroßer Schock. Er rief die Frau, die mich beschimpft hatte – die Frau, die mich Lügnerin genannt hat. Sie hatte gedacht, ich wolle mich vor der Gebühr für einen Ersatzausweis drücken. Aber die Frau auf dem Foto sah mir überhaupt nicht ähnlich.

‚Entschuldigung‘, hat sie mir ins Ohr geflüstert.

‚Bitte entschuldigen Sie sich nicht heimlich. Sprechen Sie laut, damit es jeder hört, genauso laut, wie Sie mich gerade beschimpft haben!‘, zahlte ich es ihr heim.

‚Ich werde der Sache nachgehen‘, sagte der freundliche Mann, es könne aber Monate, sogar ein Jahr dauern, bis die Angelegenheit geklärt sei. ‚Deine Reise nach London wirst du wohl verpassen.‘

Die nächsten Tage waren die Hölle. Ab und an fiel mir ein, dass ich eigentlich was zu feiern hätte. Möglicherweise stand mir und meiner Familie ein neues Leben bevor. Sofort aber wurde mir wieder bewusst, dass die Veränderung in meinem Leben womöglich nur hieß, dass alles beim Alten blieb. Eine Woche kroch vorbei, ein Monat kam mir vor wie ein Jahr.

Sis' Hope, Margie und Philip versuchten es weiter beim Einwohnermeldeamt. Sie riefen jeden Tag dort an. Irgendwann wurde ich hinbestellt, und Margie begleitete mich.

Als wir eintrafen, erklärte man mir, dass ich das Land wahrscheinlich nicht verlassen könne. Margie bat darum, mir einen provisorischen Pass auszustellen. Den bekam ich.

Als Margie den Leuten in London mitteilte, dass ich nur einen provisorischen Reisepass bekäme, sagten sie, damit könne ich nicht einreisen. Das war während der Olympischen Spiele. Ich fuhr also nicht. Ich war am Boden zerstört und aufs Tiefste verletzt. Jedes Mal, wenn ich mich an die Worte ‚Andisiwe, leider kannst du nicht mitkommen nach London‘ erinnerte, brach ich in Tränen aus.

In der Schule hatte man mir mitgeteilt, ich könne nicht zu den schriftlichen Abiprüfungen zugelassen werden. Eine Geburtsurkunde reiche nicht, ich müsse einen Personalausweis haben. Ich hatte Mühe, mich zu konzentrieren, und konnte mich kaum vorbereiten. Wozu lernen, wenn ich doch nicht mitschreiben durfte?

Eine Woche vor den Abiprüfungen bekam ich dann endlich meinen grünen Personalausweis. In ihm standen lauter falsche Daten. So hieß es, ich sei am 8. Juni 1993 geboren. Auf einem kleinen Zettel darin war vermerkt, dass meine wirkliche, beim Einwohnermeldeamt hinterlegte Identität ‚mitbenutzt‘ wurde. Wenn ich diesen Zettel verliere, bin ich erledigt.

Ich musste mich verändern, um jetzt jemand zu sein, der am 8. Juni 1993 geboren ist. Ich bin nicht mehr das Kind, das am 5. Juni 1994 geboren wurde. Auf dem Einwohnermeldeamt erklärten sie mir, wenn ich genau dieselben Daten bekäme, wie sie in meiner Geburtsurkunde stehen, könnte die andere Person, die meine Identität benutzt, mein Geld von der Bank abheben, sobald ich arbeite. Sie sagten, diese andere Person könnte Schulden machen und ich müsste dafür bezahlen.

Bei den letzten Wahlen habe ich also mit diesem Ausweis abgestimmt. Vielleicht hat diese andere Person, die womöglich gar nicht aus Südafrika kommt, auch gewählt.

Ich versuche, mich damit abzufinden. Es bleibt mir gar nichts anderes übrig. Ich weiß noch nicht mal, ob die Identität, die sie mir gegeben haben, nicht auch jemand anderem gehört. Das weiß ich einfach nicht."

Ich will doch nur, dass ihr versteht

MELANIE VERWOERD

Womöglich liegt es an meiner calvinistischen Erziehung, aber ich bin immer noch nicht ganz sicher, ob ich wirklich verstanden habe, was eine Cross-Gender-Sexarbeiterin ist. Ich raffe also meinen gesamten Mut zusammen und erkundige mich bei Nomsa von der Ausbildungs- und Anwalts-Taskforce für Sexarbeiterinnen (SWEAT) danach. Sie schaut mir in die Augen. „Ich denke, sie ist als Mann geboren und hat zu viele weibliche Hormone. Aber fragt sie doch selbst. Hier habt ihr ihre Nummer."

Wir bedanken uns bei Nomsa. Anstatt drauf zu warten, dass sie zu uns kommt, denken wir, wir besuchen Zelda besser dort, wo sie wohnt.

„Ja, aber sie ist obdachlos und nicht immer ganz so leicht ausfindig zu machen", sagt Nomsa und drückt das schwere Sicherheitstor zu ihrem Bürogebäude in Observatory hinter uns zu.

Sonwabiso und ich sammeln uns erst einmal in einem nahen Café. Eigentlich hätten wir Zelda am Morgen im SWEAT-Büro treffen sollen, aber sie ist nicht aufgetaucht. Gab es ein Verkehrsproblem, oder hat sie entschieden, dass sie doch nicht mit uns sprechen will? Als ich die Nummer wähle, die Nomsa uns gegeben hat, weiß ich nicht recht, was mich erwartet, und bin überrascht von der äußerst weiblichen Stimme am anderen Ende wie auch von ihrem Akzent. Sie klingt wie die Absolventin einer der besten britischen Privatschulen.

Ja, liebend gern würde sie sich mit uns unterhalten, heute hätte es nur einfach nicht geklappt. Ihre Stimme bebt kaum merklich, als sie sagt: „Es hat da gewisse Vorkommnisse gegeben." Ich befürchte, es war Gewalt im Spiel. Meine Frage, ob alles in Ordnung sei, lässt sie unbeantwortet. Stattdessen möchte sie mehr über das Projekt erfahren, erkundigt sich, was wir wissen wollen und ob wir sie fotografieren werden. Ganz wichtig ist ihr, dass sie über „alles" reden kann.

„Ich habe so viel gesehen, so viel erlebt", sagt sie. „Ich will, dass die Leute erfahren, was es bedeutet, so zu sein, wie ich bin. Ich will, dass sie es verstehen."

Ich versichere ihr, dass sie über alles reden kann.

Sie wiederholt: „Ich will nur, dass ihr und die Leute mich versteht."

Ich reiche das Telefon an Sonwabiso weiter, damit auch er ihr das zusichert und sie den Treffpunkt vereinbaren. Sie sprechen Xhosa, und ich schaue zu, wie er sich auf einem Zettel Notizen macht: „Park, Nähe Spar an der Ecke bei ... und ..."

Zwei Tage später halten wir vor dem Spar an der entsprechenden Ecke und warten. Am Telefon bestätigt Zelda, sie sei unterwegs, und trifft kurz darauf am Parkplatz ein.

Und wieder ist alles ganz anders, als ich es mir vorgestellt habe. Zelda ist einfach hinreißend. Groß, schlank – mit ihren wunderschönen Gesichtszügen und dem langen geflochtenen Haar könnte sie ein Model sein. Keinerlei Anzeichen dafür, dass sie ein Mann im Übergang zur Frau ist. Kein Adamsapfel, keine muskulösen Oberarme, keinerlei Gesichtsbehaarung. Sie trägt ein weit ausgeschnittenes lila Top, das den Ansatz kleiner Brüste zeigt. Ihre Jogginghose zeigt kein Zeichen von Männlichkeit.

Als sie einsteigt, hält ein Polizeiwagen neben uns. Die uniformierten Beamten steigen aus und unterhalten sich mit ein paar Soldaten in Uniform. Ich schaue Zelda an: „Belästigen sie dich?"

„Nein", antwortet sie, behält sie aber wachsam im Auge. Die Polizisten betreten den Spar und kommen wenige Minuten später mit Getränken heraus. „Sie kennen mich eigentlich nicht, und die Soldaten, nun, viele von denen sind meine Kunden ... der Militärstützpunkt ist ganz in der Nähe."

Sie möchte lieber in einem Park mit uns sprechen als im Café. Zu dritt quetschen wir uns auf einem staubigen Platz im Wind Schulter an Schulter auf eine kleine harte Holzbank. Ich bin immer noch total gebannt von ihrer Schönheit, aber inzwischen fallen mir auch die vielen Narben an ihrem Hals, den Armen und der Brust auf. Offenbar Schnitte und Brandwunden von Zigaretten.

„Ich weiß überhaupt nicht, wo ich anfangen soll", sagt sie und schaut in die Ferne. „Ich bin 21 Jahre alt und im Groote-Schuur-Krankenhaus auf die Welt gekommen. Meine Eltern stammen beide vom Ostkap, haben aber in Kapstadt gearbeitet. Meine Mutter war Hausangestellte, mein Vater Tagelöhner. Sie waren nicht verheiratet, einfach nur zusammen."

Ich taste mich heran: „Du bist also als ..."

Zelda führt den Satz rasch zu Ende: „Ich bin als Junge geboren. Meine Eltern haben sich darüber gefreut. Sie haben mich Luando getauft. Das bedeutet ‚Teil einer großen Familie'."

Der kleine Luando wuchs in Gugulethu im Haus seiner Großmutter auf, Vater und Mutter kamen und gingen. Seine Kindheit war „teils glücklich, teils weniger glücklich".

Zelda sagt: „Schon von klein auf haben mich die Leute nicht verstanden. Ich war schon immer so. Schwulsein, das kennen die Leute, aber auch das ist schon hart. Was transsexuell bedeutet, davon haben sie keine Ahnung. Sie verstehen nicht, dass man eigentlich eine Frau sein will. Schwule wissen, wer sie sind, und sind stolz darauf. Sie wollen sich nicht verändern. Ich wollte immer anders sein. Ich war kein Junge. Ich war ein Mädchen!" Zelda betont das Wort Mädchen mit großer Leidenschaft.

„Wann ist dir klar geworden, dass du anders bist?", frage ich.

„Schon als ich noch sehr, sehr klein war ... Ich erinnere mich daran, wie ich einmal, noch vor der Grundschule, mit meinen Eltern Weihnachtseinkäufe gemacht habe. Da war ich ungefähr fünf. Ich weiß noch, wie ich in der Abteilung für Mädchenkleider ein großes Geheul angestimmt habe, weil da so ein Kleid hing, das ich unbedingt haben wollte. Es war so schön, und ich war furchtbar traurig, dass ich es nicht anziehen durfte. Daran erinnere ich mich bis heute."

„Haben deine Eltern gemerkt, dass du anders bist?"

„Ja, das haben sie gewusst. Es war so offensichtlich. Meine Mutter ist besser damit zurechtgekommen als mein Vater, aber ich glaube nicht, dass sie es wirklich verstanden haben. Ich glaube, sie haben gedacht, dass ich schwul bin. Und ihr wisst, wie hart das in den Townships ist."

Zelda hatte einen zehn Jahre älteren Bruder.

„Auch der hat mich nicht verstanden. Genau wie der Rest unserer Familie. Wenn es Zeit war, ‚sich in die Büsche zu schlagen', gab's ein Problem. Ich bin nicht mitgegangen."

Ihre Mutter starb nach langer Krankheit, als Zelda noch ein Teenager war, ein Jahr später folgte der Vater. „Du weißt schon, an *mos,* der südafrikanischen Krankheit", sagt sie.

„An Aids?"

„Ja."

Nach dem Tod ihrer Eltern kümmerte sich ihre Großmutter um sie.

Zum Glück konnte Zelda gut singen. Die Arbeitgeber ihrer Mutter schickten Zelda auf eine liberale Privatschule für Kunst und Theater.

„Dort habe ich mein Englisch gelernt", erklärt sie. Zelda schwärmt von der Schulleiterin. „Sie hat sogar bei meiner Großmutter angerufen und sie gebeten, mich Röcke tragen zu lassen. Auch in der Schulversammlung hat sie öffentlich über mich gesprochen und gesagt, dass ich nun Röcke trüge, und sie wolle nichts davon hören, dass ich aufgezogen oder gemobbt würde."

Ich frage, ob die anderen Kinder das akzeptiert haben.

„Haben sie. Weißt du, ich habe das Glück, dass ich nie sehr männlich ausgesehen habe. Ich war immer ziemlich weiblich, das war also kein Problem. Aber sie haben es nicht immer verstanden. Vor allem nach der Schule an der Bushaltestelle wurde über mich gelacht oder gelästert. ‚Was ist denn mit dem Kind los?', hat es da geheißen."

Trotz der Hänseleien hat sie die Schulzeit offensichtlich genossen.

„Im Tanzen war ich gut, vor allem im Ballett. Aber als ich dann älter wurde, musste ich die Männerrollen übernehmen, und das wollte ich nicht. Ich wollte diese Strumpfhosen und Stringtangas nicht anziehen, die die Genitalien so betonen. Ich wollte Tütüs tragen. Also hab ich mit dem Tanzen aufgehört. Mit dem Singen habe ich weitergemacht und fand es toll." Plötzlich wird sie traurig. „Ich war ziemlich gut, aber ... aber inzwischen hab ich meine Stimme verloren, wegen all dem Zeug, das ich gemacht habe."

Trotz der liberalen Einstellung ihrer Direktorin flog Zelda mit 16 von der Schule.

„Ich wollte halt immer geliebt werden. Ich wollte immer eine Beziehung haben wie die anderen Mädchen – mit einem Jungen, der mich liebt. Es gab ein paar Techtelmechtel, aber sobald sie gemerkt haben, was ich bin, war es aus."

Sie erzählt von ihrem Gefühl, niemals dazugehört zu haben oder wirklich verstanden worden zu sein – „das Einzige, was ich immer wollte".

Zelda hatte schon immer gern geschneidert, also kratzte ihre Großmutter etwas Geld zusammen, damit sie einen Kurs in Modedesign belegen konnte. Es machte ihr großen Spaß, aber als nach ein paar Monaten das Geld ausging, musste sie ihre Ausbildung abbrechen. An diesem Punkt nahm ihr Leben eine dramatische Wendung. Es geschah eines Nachts beim Ausgehen in Kapstadt.

Nach einer Tour durch die Clubs in der Long Street realisierte sie am frühen Morgen, dass sie kein Geld mehr für die Heimfahrt hatte. Sie bat also einen Mann, mit dem sie geplaudert hatte, um Hilfe.

„Ich fragte ihn nach etwas Geld fürs Taxi, und er sagte: ‚Wenn du mitkommst, lässt sich das sicher regeln.‘ Wir haben also irgendwo miteinander geschlafen. Er hat mir ein bisschen Geld gegeben. So hat es angefangen. Natürlich wusste ich, dass es so was gibt, aber erst damals habe ich begriffen, dass man mit Sex Geld verdienen kann. Und was noch wichtiger ist, ich hatte das Gefühl, irgendwo hinzugehören; dass es Leute gab, die mich nicht komisch ansehen, dass ich ich selbst sein konnte – ein Mädchen. Seht ihr, ich wollte unbedingt dazugehören. Und darum habe ich mich für diesen Lebensweg entschieden."

Hat sie das Gefühl dazuzugehören glücklicher gemacht?

„Nein, darum ging es ja eigentlich nicht. Mir ging es vor allem darum, ein Mädchen zu sein. Ich wollte eine echte Beziehung zu einem Mann, und ich wollte die Frau von jemandem sein. Ich wollte ein Haus. Es war nicht das Leben, das ich mir erträumte, das, wofür ich arbeitete."

Jener erste Freier wurde ihr Freund. Zelda ging nicht mehr nach Hause zu ihrer Großmutter und lebte mit ihrem Freund zusammen. Auch er war noch sehr jung und lebte auf der Straße.

„Er war ein kleiner Gangster, Autoeinbrüche, und er hatte auch mit Drogen und solchem Zeug zu tun. So bin ich auf die

Drogen gekommen. Ich fühle mich immer noch nicht besonders wohl damit, hab mich nie wohl damit gefühlt. Aber es gehört halt dazu, wisst ihr."

„Bist du abhängig?"

„Nein, ich bin nicht abhängig", sagt sie bestimmt. „Ich mag
das Zeug nicht, und es macht mich nur traurig. Aber mein
Freund, der damalige und der jetzige, die sind auf Drogen, und
darum tu ich's auch."

Ich frage sie, was sie nimmt.

„Mein erster Freund war auf Heroin, also hab ich's auch genommen. Der jetzige raucht Tik, also tu ich das auch."

Wir sind überrascht, äußerlich sieht man ihr überhaupt nicht
an, dass sie so harte Drogen wie Chrystal Meth nimmt. „Bist du
süchtig?"

Sie schüttelt den Kopf und beteuert: „Ich kann auch ohne –
und oft nehme ich wochenlang gar nichts. Nur mit den Freunden. Sie geben das Geld für Drogen aus, und dann gibt es nichts
zu essen ... was bleibt dir also übrig? Darum mache ich die Sexar-
beit, damit ich ein bisschen Geld für mich selbst habe."

Sie beteuert, sie gehe nicht anschaffen. „Ich habe noch nie an
Straßenecken gestanden. Ich laufe bloß herum ... und irgendwann hält ein Wagen, dann weiß ich ... es gibt Arbeit."

Neugierig will ich wissen, wer ihre Kunden sind. Sie sagt, sie
kämen aus allen Lebensbereichen, vor allem aber seien es ältere,
verheiratete afrikaanische Männer.

„Mit Ausländern mach ich's nicht. Die sind gefährlich", sagt
sie.

„Aber wissen denn deine Kunden, dass du biologisch immer
noch ein Mann bist?"

„Meistens nicht. Ich muss halt Spielchen mit ihnen machen
und so tun, als wär ich ein Mädchen." Sie lächelt mich wissend
an: „*Mos*-Männer, du weißt schon. Sie wollen ihn bloß reinste-

cken und kommen." Sie klatscht in die Hände, um zu zeigen, wie schnell es geht. „Ich mache sie also heiß und lass sie zwischen meinen Beinen kommen. Ich stöhne, damit sie glauben, sie ficken mich wirklich. Die merken's noch nicht einmal!" Sie lächelt Sonwabiso entschuldigend an. „Manchmal, wenn ich sehe, das ist ein Kerl, der wirklich reinwill, und es könnte ein Problem werden, hör ich lieber auf und blas ihm einen umsonst. Das kann sonst gefährlich werden."

Ich frage sie, ob auch schon mal was Schlimmes passiert sei. Sie lacht nervös.

„Es ist schon eine Menge passiert. Über manches will ich lieber gar nicht reden ... Das ist zu heftig. Wenn ich drüber spreche, werde ich nicht mehr damit fertig, dass mir das passiert ist." Sie schaut weg. Sie schüttelt den Kopf, damit die Tränen versiegen. Sie zeigt auf die Narben an Hals, Armen und Brust. „Seht ihr diese Narben ... Das haben sie mir angetan." Sie wendet den Kopf und zeigt auf ihre rechte Gesichtshälfte. „Könnt ihr sehen, dass die eine Seite ein bisschen anders ist? ... Das ist in Paarl passiert. Sie haben mich auf der Straße zusammengeschlagen. Mich vergewaltigt. Ich musste ins Krankenhaus ... mein Kiefer war gebrochen ... Ich kann wirklich nicht groß drüber reden ... dann geht's mir wieder tagelang mies."

Ich versuche sie zu trösten, aber ihre Augen füllen sich wieder mit Tränen.

„Manche Kerle ficken mich, und wenn sie fertig sind, prügeln sie auf mich ein ... nur weil ich bin, wie ich bin ... nur weil ich ich bin ... Sogar diejenigen, die zahlen ... viel bezahlen tun sie ohnehin nicht."

Sie braucht ein paar Minuten, um sich zu beruhigen. Sie schüttelt den Kopf, als könnte sie so die schrecklichen Erinnerungen verscheuchen. „So verdiene ich halt mein Geld – einen anderen Weg gibt es nicht."

„Wie viel verdienst du?"

„Ab ungefähr 50 Rand – für Blasen oder Wichsen. Ich hatte auch schon Glück. Einmal hab ich 1.000 bekommen und einmal 800." Sie lächelt.

„Schützt du dich?"

„Ich hab eine große Tüte Kondome, für den Fall, dass es so weit kommt ..." Sie holt tief Luft. „Ich habe eben Angst. Ich will nicht sterben wie meine Eltern."

Zelda lebt mit ihrem neuen Freund unter einer Brücke. Dieses Leben unterscheidet sich sehr von ihrem früheren Leben mit Privatschule und der Sicherheit im Haus der Großmutter. Sie musste das Stadtzentrum verlassen, als die Gangs überhandnahmen. Es wurde zu gefährlich. Sie folgte ihrem neuen Freund in einen der Vororte.

„Aber das hier ist auch nicht sicher, so ein Leben im Gebüsch. Erst letzte Woche ist jemand gekommen, als mein Freund nicht da war, und wollte mich vergewaltigen ... Der Typ, mit dem ich jetzt zusammen bin ... der ist auch nicht nett zu mir. Letzte Woche hat er mich verprügelt und mir das Gesicht zerkratzt. Schaut euch diese Wunden an." Sie zeigt auf die blauen Flecke und Kratzer am Hals. „Deshalb bin ich auch neulich nicht zu dem Treffen mit euch gekommen, ich sah schlimm aus, und es war mir zu peinlich."

Ich sehe diese zerbrechliche, unverkennbar intelligente und beredte junge Frau vor mir und muss mir klarmachen, dass sie erst 21 ist. Ein Leben in Gefahr und ständiger Angst, im täglichen Kampf ums Überleben. Und doch – als ich sie frage, ob sie einen Traum hat, erhellt sich ihr Gesicht.

„Ja! Es wird sich bald alles ändern. Seit 2012 nehme ich Hormone, und im April gehe ich zum plastischen Chirurgen. Dieses Jahr wird meine Geschlechtsumwandlung stattfinden, und ich werde endlich zur vollwertigen Frau. Dann wird alles anders. Ein

Verein, der sich um Transgenderleute kümmert, übernimmt die Behandlungskosten."

Und was passiert nach der Operation?

Zelda schenkt uns ein großes Lächeln. „Ich will zurück und meine Ausbildung abschließen, eine Stelle und einen guten Mann finden und heiraten. Ich möchte ein Haus, damit ich Hausfrau sein kann. Aber erst einmal muss ich die Sache mit meinen Papieren regeln."

„Steht in deinem Ausweis noch, dass du männlich bist?"

„Ja, deshalb ziehe ich mich für Bewerbungsgespräche immer gut an. Es läuft meistens nicht schlecht, aber dann fragen sie nach dem Ausweis und den Referenzen, und tja ... ihr wisst schon."

Nach unserem Gespräch gehen wir Mittagessen, es gibt Fish and Chips. Zelda schlingt, als wäre sie halb verhungert, und doch hebt sie sich was zum Mitnehmen auf.

Wir bieten ihr an, sie nach Hause zu fahren, und sie geleitet uns hin. Als wir über eine Brücke kommen, zeigt sie auf ein kleines igluförmiges Gebilde aus verschiedenfarbigen Plastikplanen im Gebüsch zwischen den Eisenbahnschienen und dem Eingang zur Kaserne. Wir bringen sie so nah hin wie möglich. Sie drückt das Päckchen mit den Fisch- und Pommesresten und den blauen Schal, den ich ihr mitgebracht hatte, fest an sich und verabschiedet sich von uns. „Ich könnte euch noch viel mehr erzählen, aber ich hoffe, ihr versteht. Ich will doch bloß, dass ihr versteht."

Ich schaue zu, wie diese zarte, schöne Frau im Gebüsch verschwindet.

Sie wurde zu der Zeit geboren, als wir unsere neue Verfassung schrieben, die häufig als die liberalste der Welt gefeiert wird, weil sie auf den Schutz der Menschenrechte ungeachtet der sexuellen Orientierung pocht. Und obwohl sie zum richtigen

Zeitpunkt in der Geschichte unseres Landes auf die Welt gekommen ist, hat Zeldas unverstandene Sexualität sie von der Privatschule zu einem Leben unter der Brücke geführt. Zu einem Leben, in dem sie gefährliche Drogen nimmt und ihren Körper an ältere, verheiratete weiße Männer verkauft.

Es ist leicht, die Gründe für die Entscheidungen nachzuvollziehen, die Zelda in ihrem Leben getroffen hat. Nicht nachvollziehen hingegen kann ich, wie unsere Gesellschaft es ihr nach wie vor unmöglich macht, ein Leben zu führen, in dem sie als diejenige anerkannt wird, die sie ist.

Sowohl Jungs wie Mädchen haben es schon bei mir versucht

SONWABISO NGCOWA

Leise fragt mich Nkululeko, ob wir das Interview auf Xhosa machen könnten. Ich versichere ihm, dass er selbstverständlich die Sprache sprechen könne, in der er sich am wohlsten fühlt.

„Nkululeko bedeutet Freiheit", sagt er. „Mama hat mir diesen Namen in der Hoffnung gegeben, dass ich in Freiheit leben werde. Ich weiß nicht, ob ich das erste, zweite, dritte oder zehnte Kind meines Vaters bin. Mama hat mir gesagt, dass er viele Kinder hat."

Ich frage Nkululeko, wie es in seinen Augen um die Zukunft Südafrikas stehe. „Schlecht", sagt er. „Die Leute kämpfen um Posten. Nicht jeder von uns wird Präsident werden. Nicht jeder von uns kann im Parlament sitzen."

„Bist du wählen gegangen?", frage ich.

„Ja, ich habe gewählt."

„Wo siehst du dich selbst in zehn Jahren und später?"

„Ich sehe mich als Besitzer eines Eigenheims, eines Autos und mit einem Masterabschluss."

Nkululeko sitzt auf dem Sessel neben meinem, seine Freundin Siphosethu entspannt sich auf dem Sofa gegenüber. Freundlicherweise hat uns Siphosethu, durch die ich ihn kennengelernt habe, ihr Haus in Motherwell, Port Elizabeth, für das Gespräch überlassen. Sie hat die Lautstärke an dem riesigen Flachbild-schirm-Fernseher runtergedreht. Nkululeko fühlt sich in ihrer Gegenwart ganz wohl. Er hat ein Gesicht, das man nicht so schnell vergisst. Seine dichten Augenbrauen wachsen oberhalb der braunen Augen zusammen. Sein offenes Lächeln verrät einem sofort, dass er auch ein offenes Herz besitzt.

Doch Nkululeko hat ein Geheimnis. Er beginnt mir von dem verhängnisvollen Tag zu erzählen, an dem sein Vater wegging. Nkululeko war damals acht Jahre alt.

„‚Sagst du's ihm?', hat Mama Papa gefragt. Sie hatte Tränen in den Augen. Inzwischen weiß ich, dass sie nicht vor Vater weinen wollte. ‚Ich muss gar nichts tun oder sagen', hat Vater geantwortet und beim Rausgehen die Tür zugeschlagen.

Ich weiß noch, wie beiläufig und schnell alles ablief, aber mir ist es als gewichtig und langsam in Erinnerung geblieben, auch das laute Türenknallen, bei dem der Rahmen gesprungen ist. Dem Gesicht meines Vaters war überhaupt nicht anzusehen, dass ich ihn zum letzten Mal sehen würde. Sein Gesicht war so kalt an dem Tag, dass ich es nicht mal anschauen wollte, ich spürte es auch so.

Erst später, sehr viel später, habe ich ihn dann einmal wiedergesehen.

An jenem Tag ist er nach Addo zurückgegangen. Mama hatte ihn gerade wegen Kindesunterhalt verklagt. Er kam immer nur, wann er wollte – in ewiglangen Abständen. Mir hat er nie was mitgebracht. Damals habe ich ihn das letzte Mal gesehen; ich war in der dritten Klasse. Lang noch hat sich bei mir alles bloß um die Frage gedreht: Wann werde ich meinen Vater wiedersehen? Warum ist er weggegangen?

Von da an fühlte ich mich nicht mehr sicher in Tinara, der Gegend von Bethelsdorp in der Nähe von Port Elizabeth, wo wir wohnten. Obwohl Vater nie oft anwesend war, hatte mich der Gedanke, dass da ein Vater war, der mich besuchen kommen könnte, immer getröstet.

Erwachsene reden immer nur in dieser seltsamen Babysprache mit Kindern. Und sagen tun sie gar nichts. Hätte meine Mutter mich gefragt, hätte ich ihr zu was anderem geraten. Mama, wir setzen uns zusammen hin und reden mit ihm, hätte ich gesagt.

Ich weiß, dass sie schon lange auf ihn eingeredet hat. Aber sie könnte mich ja auch mal nach meiner Meinung fragen, dem Gericht bin ich nämlich egal. Das Gericht hat keine Ahnung davon, wer ich bin und was ich fühle. Das Gericht sorgt bloß dafür, dass er zahlt. Aber ich will mehr von meinem Vater als Geld, ich hätte gern einen Supervater.

Ich hatte nichts als ein paar Grasbüschel, nackte Mauern und schiefe Türen vor der Nase. Und die Wolken, die langsam vorüberzogen. Ich glaube kaum, dass irgendjemand die Wolken bemerkt hat. Die Leute schauen auf den Boden oder sie schauen sich an, aber zuhören tun sie einander nie richtig. Sie haben's immer eilig. Mir hingegen war es wichtig, langsam zu gehen und mir den faszinierenden Himmel anzuschauen. Ich wollte ihn Mama zeigen. Aber Erwachsene haben es immer eilig. Sie zog mich am Arm weiter, nur um schnell an einen langweiligen Ort zu kommen – in die Klinik.

Die einzigen anderen Erinnerungen an meinen Vater sind die von den Vorbereitungen auf meine Initiation. Das war im Dezember 2012. Ich erinnere mich genau an den Tag, ein heißer Samstag mit strahlend blauem Himmel. Er stand neben mir, als mir der Kopf rasiert wurde. Er trug einen blauen Overall und einen großen Sonnenhut. Er hat viel gesprochen. Ich weiß nicht mehr, was er gesagt hat. Ich wusste nicht genau, was an dem Tag mit mir passiert. Ich hörte also eher mir selber zu, all den vielen Fragen, die mir im Kopf rumschwirrten.

Mama wollte, dass ich an einem Ort aufwachse, wo es garantiert jeden Tag was zu essen gibt. Nach Abschluss der dritten Klasse brachte mich Mama zu meiner Tante hier nach Motherwell. Mama hatte zu kämpfen. Von ihrem geringen Verdienst bei einem hiesigen Restaurant musste sie ein Kind durchbringen und ihre Mutter. Meine Tante nahm mich als drittes Kind auf.

Wenn sie für ihre eigenen Kinder was zum Anziehen kauften, brachten meine Tante und ihr Mann auch mir was mit. Alles, was sie für ihre Kinder einkauften, bekam ich auch. Irgendwann nannte ich sie nicht mehr Tante, sondern Mama.

Tante Mama hatte einen Wunsch für meine Zukunft. Sie wollte, dass ich auf eine weiße englische Schule gehe. Aber dafür war kein Geld da. Das erklärte sie mir, und es machte mir nichts aus. Ich war an Xhosa-Schulen gewöhnt. Nach der sechsten Klasse hatte ich das Gefühl, jetzt wäre die Gelegenheit. Aber auf keiner der weißen Schulen in unserer Gegend war ein Platz frei. Ich ging also mit meinen Freunden auf die Motherwell High; manchmal war ich der Lauteste in der Gruppe.

In der zehnten Klasse hatten all meine Freunde Matheunterricht und Rechnungswesen. Ich hatte Mathe und Physik. Bei uns bestimmte die Schule die Fächer der Schüler. Da bin ich zum Direktor gegangen und habe ihm gesagt, dass ich Wirtschaftsprüfer werden will. Er fand das gut. Ich musste ein Formular unterschreiben und konnte zum Glück wechseln.

Mama hat mir regelmäßig Essensgeld für die Schule mitgegeben. Wenn sie mal kein Geld hatte, gab es aber immer Brot zum Mitnehmen.

In der elften Klasse sind zwei meiner Freunde sitzen geblieben. Keine Ahnung, warum. 2011 habe ich die zwölfte Klasse abgeschlossen. Meine Freunde und ich haben uns an der Nelson-Mandela-Metropolitan-Universität (NMMU) beworben.

Mein Bruder und meine Schwester haben mich beim Lernen

unterstützt. Eigentlich sind es die Kinder meiner Tante, aber *sie* sind meine richtigen Geschwister. Bhuti war gut in Mathe und Sisi in Rechnungswesen. Beide haben ihren Abschluss gemacht. Ich bewundere sie und möchte irgendwann so werden wie sie.

Leider habe ich das Abitur nur knapp bestanden. Ich musste fast heulen, als ich erfuhr, dass sie mich nicht zur Universität zulassen. Zwei meiner Freunde, die sich auch beworben hatten, sind genommen worden. Ich habe es Mama und meiner Freundin Siphosethu erzählt – sie ist die beste Ratgeberin. Sie hat mir geraten, es im nächsten Jahr noch mal zu probieren.

Statt das ganze Jahr nichts zu tun, habe ich beschlossen, aufs College zu gehen. Ich belegte einen Kurs in Labour Relations, hatte zwischendrin ziemlich zu kämpfen und hätte beinahe aufgegeben, habe das College am Ende aber doch erfolgreich abgeschlossen.

Dann habe ich mich wieder an der NMMU beworben, zum zweiten Mal die nationale Aufnahmeprüfung mitgemacht und wieder eine Absage bekommen. Ich konnte es nicht fassen. Diesmal hieß es, der Studiengang sei schon voll. Ich wandte mich an die University of Fort Hare in der Hoffnung, wenigstens von dort eine erfreuliche Nachricht zu bekommen. Es kam aber nichts. Trotzdem bin ich drangeblieben.

Im Dezember kriegte ich schließlich per SMS die Benachrichtigung, ich hätte einen Studienplatz an der NMMU. Ich hab die ganze Nacht kein Auge zugetan.

Ein paar Wochen später sollte ich mich auf dem Missionvale-Campus melden. Ich habe jeden einzelnen Tag an der Uni genossen, bin sogar nach den Seminaren geblieben, um noch was fertig zu machen. Nächstes Jahr mache ich meinen Abschluss in Betriebswirtschaft.

Ohne Internet und Computer zu Hause wäre es nicht so einfach gewesen. Zu Hause habe ich den Computer meines Bruders benutzt, bevor er nach East London gezogen ist und ihn mitgenommen hat. Als mein Bruder mit dem Computer weg war, habe ich alles, was am Computer zu recherchieren war, an der Uni erledigt, selbst wenn ich deswegen oft erst spät nach Hause gekommen bin.

Die Uni ist ein besonderer Ort – einfach wunderbar.

Manchmal gefallen mir Jungs, und ich fühle mich wirklich zu ihnen hingezogen. Manchmal gefallen mir Mädchen.

Keine Ahnung, wie ich sexuell gepolt bin. Manchmal denke ich, ich bin hetero, dann wieder glaub ich, ich bin schwul.

Als Kind habe ich mit Mädchen gespielt. Die Jungs sind zum Spielen gern weit weggegangen. Ich wollte lieber in der Nähe bleiben. Als ich in der achten Klasse war, sind wir mal im Juni zu einem der Brüder meiner Großmutter in die Ferien gefahren. Alle Enkelkinder waren da. Die meisten waren Mädchen.

Ich wollte nicht mit den Jungs spielen. Sie waren schmutzig. Ich wollte spielen und bei den Mädchen sein, die sauber waren. Jungs waschen sich nicht gern. Ich schon.

Die Mädchen haben gelacht. ‚Er hat ein Höschen für Mädchen an! Nkululeko trägt ein Höschen!‘, hat ein Mädchen gerufen. Ihr war überhaupt nicht klar, wie sehr ich das genossen habe. Es machte mir nicht das Geringste aus, wenn sie gebrüllt, gelacht und mir das Höschen runtergezogen haben. Die Jungs dachten, ich albere bloß herum. Ihnen war es egal, weil sie mich eben manchmal auch in ganz normalen Hosen gesehen haben.

Bald werde ich 21. Ich bin mit niemandem zusammen. Wenn mich Freunde fragen, ob ich mit ihnen ausgehen will, sag ich oft, ich weiß nicht. Ich weiß es wirklich nicht. Vielleicht bin ich einfach stur. Manche Leute wollen mit mir zusammen sein, aber ich lass sie abblitzen.

Sowohl Jungs wie Mädchen haben es schon bei mir versucht. Bislang habe ich sie alle abblitzen lassen.

Ich fühle mich von beiden Geschlechtern angezogen. Der Grund, warum ich nicht genau weiß, wohin ich tendiere, ist, weil die Kirche keine vorehelichen Beziehungen erlaubt. In meiner Kirche, der Church of Christ Assemblies, der Gemeinde Christi, erscheint dir der Mensch, der für dich bestimmt ist, im Traum, und dann heiratest du ihn. Der Pastor sagt dir, ob dieser Mensch der Richtige ist, und auch, wann der richtige Zeitpunkt für die Hochzeit wäre.

Keine Ahnung, wie meine Kirche reagiert, wenn ich hingehe und sage, ich hätte von jemandem geträumt, für den ich bestimmt bin – und dieser Jemand ist ein Mann. Im Hinterkopf weiß ich schon, dass sie das nicht akzeptieren werden. Sie werden die Bibel zitieren und sagen, ein Mann soll nicht beim Manne liegen. Und sie werden mir sagen, der Teufel hätte mir diesen Traum geschickt.

Der Kampf in meinem Kopf geht weiter, und ich bemühe mich herauszufinden, was ich in einem solchen Fall tun würde. Ich würde versuchen, daran festzuhalten. Vielleicht würden sie ihn in die Kirche einladen und ihm sagen, dass er nicht mit mir zusammen sein kann. Vielleicht muss ich aus der Kirche austreten. Der Kampf in meinem Kopf ist noch nicht vorbei.

Ob ich mir vorstellen kann, aus der Kirche auszutreten? Nein. Ich würde Gott bitten, mir jemand anderen im Traum zu schicken. Allerdings glaube ich nicht, dass Gott einem jemanden vom selben Geschlecht schickt. Er hat Adam und Eva geschaffen und nicht Adam und Adam. Und wenn ich weiter von einem anderen Mann träumen würde, dann wüsste ich, dass es für mich ein Mann sein muss. Dann müsste ich wohl aus der Kirche austreten. Doch selbst wenn ich aus der Kirche austrete, weil ich schwul bin, würde ich nur die Mauern hinter mir lassen, die Struktur, ich würde nicht Gott an sich verlassen. Selbst wenn ich schwul bin, werde ich mit Gott im Gespräch bleiben.

Ich wünsche mir ein Kind, ein Mädchen. In dem Haus, das ich mir in meiner Vorstellung irgendwann einmal kaufen werde, sehe ich drei Menschen leben – mich, meine Tochter und meine leibliche Mutter. Ich möchte meiner Mutter zeigen, dass ich sie schätze und liebe. Natürlich habe ich vor, unglaublich viel für meine Tante zu tun, weil sie mich großgezogen hat.

Ich möchte von vornherein eine strikte Regelung mit der leiblichen Mutter meiner Tochter, denn ich kann mir nicht vorstellen, eine Frau zu heiraten oder eine Beziehung mit ihr zu führen. Wenn das Baby auf der Welt ist, wird es keine Beziehung geben. Ich möchte nur ein Kind, und das kleine Mädchen soll wissen, wer ihr Vater ist."

Die Angst darf niemals siegen

MELANIE VERWOERD

Als Sonwabiso und ich vor einem typischen Sozialbau in Khayelitsha anhalten, sind es 32 Grad Celsius. Die brütende Hitze der Mittagssonne, der Sand und die fehlenden Bäume lassen diesen Bereich des Townships noch gnadenloser erscheinen, als er ohnehin ist. Vor dem Haus spielen ein kleiner Junge und ein kleines Mädchen mit Stöckchen im Sand. Beim Geräusch der zuklappenden Wagentüren schauen sie auf. Der kleine Junge entdeckt mich und ruft über die Schulter ins Haus.

„Umlungu, Umlungu! Eine Weiße, eine Weiße", brüllt er und hält mich misstrauisch mit seinen Blicken in Schach. Als er merkt, dass wir geradewegs auf ihn und seine Spielgefährtin zukommen, fliehen sie nach drinnen. *„Umlungu, Umlungu!"*

Im winzigen Wohnzimmerbereich des Hauses quetscht der Junge sich hinter dem Rücken seiner Mutter aufs Sofa. Sie stillt seine zweite, vier Wochen alte Schwester. Dort hinten hält er sich während unseres gesamten Besuchs versteckt, nur ab und zu spähen seine schwarzen Äuglein über die mütterliche Schulter. Jedes Mal, wenn er sieht, dass ich immer noch da bin, schreckt er panisch zurück. Das kleine Mädchen starrt uns still an.

„Sie lächelt nie", sagt Yonela und eröffnet damit das Gespräch.

„Weißt du, warum?", frage ich.

„Nein, eigentlich nicht, vielleicht gibt es nichts, worüber sie sich freuen kann."

Anders als ihrer kleinen Nichte fällt Yonela das Lächeln offenbar leicht. Und doch liegt in ihren Augen – die selten Blickkontakt zu mir suchen – eine tiefe Traurigkeit.

„Ich heiße Yonela Tyatyeka und bin am 9. April 1994 als Tochter meiner Mutter Boniwe Tyatyeka in Kapstadt auf die Welt gekommen. Meine Vorfahren sind Mamqwambe, Holomi, Khawuta, Sirhosa sika Sarhili, umamTete unldanzibane und Umdange. Ich bin Xhosa und stolz darauf, ich bin Afrikanerin und stolz darauf ... und ... ich bin lesbisch und auch darauf stolz."

Als Rapperin und Dichterin weiß sie um die Schönheit und die Kraft der Sprache. Es folgt ein seltener Moment des Blickkontakts; sie strahlt vor Stolz, und ihre Körpersprache hat etwas Rebellisches. Das ändert sich, sobald sie von ihrer Kindheit spricht: „Ich bin mit meiner Mutter und meinen Geschwistern in Nyanga East in der Nähe von Gugulethu aufgewachsen. Außer mir, Mama, meinen beiden älteren Schwestern und meinem kleinen Bruder war da niemand. Meine Eltern haben sich getrennt, als ich zwei Jahre alt war, sich aber nie scheiden lassen. Mein Vater hat meine Mutter verprügelt, er hat mit einem Hammer auf sie eingeschlagen. Sie hat immer noch Narben davon. Wegen der Hammerschläge sieht sie auf dem einen Auge nichts, und sie ist auf einem Ohr taub.

Eines Tages hat er dann unsere Koffer aus dem Haus geschmissen, und wir mussten gehen. Unsere Kindheit war also nicht besonders angenehm. Wir sind dann in eine Hütte hinter dem Haus meiner Großmutter gezogen. Meine Mutter und ihre jüngere Schwester, meine Tante, kamen nicht gut miteinander klar. Oft sind wir nachts wach geworden, weil sie sich gestritten haben. Meistens ging es um unwichtige Sachen wie Strom, aber oft artete es in eine regelrechte Prügelei aus. Sie haben ständig gestritten, das war wirklich schlimm für uns, wir wussten ja, dass meine Mutter die Einzige ist, die Arbeit hat, und wir alle auf ihren kleinen Lohn als Hausangestellte angewiesen waren. Sie geht immer noch putzen, und bis heute hängt alles an ihr.

Mein Vater hat zwei Straßen weiter gewohnt. Wenn wir bei ihm vorbeigingen, feierte er oft Trinkgelage mit seinen Freunden und Freundinnen. Er hat uns nicht einmal Geld für Brot oder sonst was zugesteckt."

Sie macht eine Pause und amüsiert sich über den kleinen Jungen, der, an den Rücken seiner Mutter gelehnt, eingeschlafen ist. Die Aufregung war offensichtlich zu viel für ihn.

„Irgendwann hat meine Tante uns den Strom abgestellt. Zwei Jahre lang haben wir ohne Strom im Hinterhof gelebt. Ich bin damals schon zur Schule gegangen. Die Grundschule hab ich im Township absolviert, aber zur Highschool bin ich dann nach Walmer Estate gegangen, woanders hat meine Mutter keinen Platz für mich gefunden. Ohne Strom zu lernen ist schwierig. Meine Lehrerin hat mich regelmäßig geschlagen, weil meine Bücher voller Wachs waren. Sie hat mir nicht geglaubt, als ich gesagt habe, wir hätten keinen Strom zu Hause. ‚Du lügst!', hat sie behauptet. ‚Wir sind hier in Kapstadt! Du lebst nicht in irgendeinem Elendsviertel, du lebst im Township. Wieso solltest du keinen Strom haben?' Ich bekam jeden Tag eine Abreibung, hatte aber trotzdem die besten Noten in der Klasse, ich war nämlich ehrgeizig."

In der dritten Klasse entdeckte Yonela ihre Leidenschaft fürs Schreiben und hatte somit etwas gefunden, in das sie sich hineinflüchten konnte.

„Ich habe meine Gefühle mit dem Stift ausgedrückt – vor allem durch das Schreiben von Raptexten. Schon mit 13 habe ich angefangen zu rappen und bin überall aufgetreten. Das hat mir geholfen, dem ganzen Kram zu entkommen, der um mich herum passiert ist. Das hat mir geholfen zu überleben."

Doch Yonelas Schwestern hatten keine solche Zuflucht. Ihre ältere Schwester, Nontsikelelo, genannt Ntsiki, ebenfalls eine Dichterin, fing mit Drogen an, nachdem sie von der Schule abgegangen war, um sich Arbeit zu suchen und damit die Mutter zu unterstützen. „Sie war so klug. Irgendwann hab ich sie gefragt, warum sie nicht mehr zur Schule geht. Sie hat gesagt: ,Wie soll ich lernen ohne Strom?'"

Yonela war eine hervorragende Schülerin und blieb die einzige von den Geschwistern, die das Abitur machte. Für eine Parlamentssitzung, bei der es um Leseförderung ging und die im Fernsehen übertragen wurde, wurde sie ausgewählt, einen Text vorzulesen.

„Nicht wenige Leute haben Potenzial in mir gesehen. ,Dieses Mädchen', haben sie gesagt, ,spricht viel und ist wortgewandt, obwohl sie auf eine Townshipschule geht.'"

In der Grundschule profitierte Yonela vom Angebot der Amy Biehl Foundation und spielte in der Fußballmannschaft. „Ich hab so ziemlich alles mitgemacht", sagt sie.

Schon sehr früh war ihr bewusst, dass sie anders war als die meisten Mädchen.

„Als Kind war ich sehr jungenhaft. Ich bin mit lauter Jungs groß geworden. Ich habe nie mit den Mädchen Puppen gespielt. Es muss wohl ausgesehen haben, als stimmte irgendwas mit mir nicht, aber ich habe einfach gemerkt ... Jungs sind halt nicht so empfindlich. Ich war dermaßen an Schmerz gewöhnt. Das war es eben – ich wollte immerzu Schmerz fühlen. Ich hab noch nicht mal geweint, wenn ich hingefallen bin. Ich bin auf Bäume geklettert und hab alles gemacht, was Jungs so machen."

Yonelas ältere Schwester Nontsikelelo hatte ihr Coming-out als Lesbe.

„Alle redeten davon, dass Ntsiki lesbisch sei. Ich hab damals noch nicht verstanden, was eine Lesbe ist."

Ihre Mutter Boniwe, stets im Kampf, sich und den Kindern das Überleben zu sichern, schien die sexuelle Ausrichtung ihrer Tochter zu akzeptieren.

Zu diesem Zeitpunkt zog Boniwe endlich aus der unseligen Familienherberge aus und mietete eine Wohnung in Delft. Obwohl sich die äußerlichen Umstände verbesserten, war noch keineswegs alles gut.

„Jeden Monat kam der Vermieter zu uns nach Hause. Er war betrunken und verlangte, in seiner Wohnung zu übernachten. Es waren nur wir Mädchen, meine Mama und mein kleiner Bruder zu Hause. Mein Bruder konnte uns nicht beschützen, dafür war er zu klein, außerdem hatte er, als wir noch in Nyanga lebten, einen Unfall gehabt und seitdem Probleme mit den Augen." Yonela unterbricht sich. Ihr Gesicht hellt sich auf, als sie über Samkelo redet, der gerade mal elf ist. „Seine Augen sind kaputt, und er muss eine Brille tragen, aber er ist wirklich ein cleveres Kerlchen. Auch sehr direkt."

Das Schreiben blieb ihre Zuflucht. „Ich habe mich unter Menschen unterschiedlichster Herkunft gemischt und ihre Geschichten aufgeschrieben. Manche habe ich sogar ins Internet gestellt. So bin ich zur Schuljournalistin geworden."

2010 nahm sie an einem schulischen Rapwettbewerb teil. Sie wurde Erste unter den Teilnehmern vom Westkap, und sie durfte nach Johannesburg fliegen.

„Ich saß zum ersten Mal in einem Flugzeug. Der Wettbewerb hat mir einen Fernsehauftritt in Johannesburg beschert. Alle haben mich gesehen. Da war ich gerade mal 15."

Zur gleichen Zeit floh ihre Mutter aus dem Haus in Delft und zog bei einer ihrer Schwestern ein. Um näher bei der Schule und dem öffentlichen Nahverkehrsnetz zu wohnen, musste Yonela bei einer anderen Tante bleiben. Das war 2010. Obwohl sie damals von ihrer Mutter und den Geschwistern getrennt lebte, sagt sie: „Ich war zum ersten Mal glücklich."

Aber das Glück sollte von kurzer Dauer sein. Yonela war beinahe auf den Tag genau sechs Jahre jünger als ihre Schwester Ntsiki. Sie hatten eine sehr enge Verbindung, und wie so oft bei Geschwistern übernahm die Ältere die Mutterrolle und versuchte, der jüngeren Schwester das Leben möglichst leicht zu machen. Das änderte sich gegen Ende jenes Jahres.

„Am 3. September 2010 habe ich sie zum letzten Mal gesehen. Sie ist einfach verschwunden. Wir haben sie überall gesucht. Ihre Freunde haben alle das Gleiche erzählt: Ntsiki hätte ihnen gesagt, dass sie zu unserem Stiefbruder väterlicherseits nach Langa gehen wolle. Aber dort ist sie nie angekommen. Die Polizei hat gesagt, sie sei vermutlich bei ihrem Freund. Wir haben gesagt: ‚Nein, diese Frau ist lesbisch.' Die Antwort war: ‚Dann lasst sie in Ruhe, sie ist 21 und volljährig.' Wir haben überall nach ihr gesucht. Wir haben gebetet, aber sie ist nicht mehr aufgetaucht."

Boniwe setzte Himmel und Hölle in Bewegung und suchte auch traditionelle Heiler auf, die Yonela von dem kostbaren Preisgeld aus dem Rapwettbewerb zu bezahlen half. Aber Ntsiki blieb verschwunden.

„Wir bekamen immer das Gleiche zu hören – sie kommt schon wieder, sie ist am Ostkap und so weiter. Aber wir wussten, dass meine Schwester niemals von sich aus ans Ostkap gereist wäre. Sie hat das Ostkap nie gemocht. Wenn wir ans Ostkap gefahren sind, ist sie zu Hause geblieben. Als Lesbe war sie eben anders. Sie hat Jungskleider getragen. Für andere Leute ist das immer noch merkwürdig. Wenn Lesben die Straße runterlaufen, geht man nicht einfach weiter. Die Männer machen hässliche Bemerkungen. Und am Ostkap war es noch schlimmer."

Ende 2010 gab es immer noch keine Spur von Ntsiki.

„Am Schluss unseres Weihnachtsessens haben wir alle geweint und gebetet, dass sie vor Neujahr wieder zu Hause ist."

Yonela ist überzeugt, dass die Polizei sehr wenig unternommen hat. „Wir sind hartnäckig geblieben und haben immer wieder auf der Matte gestanden, und sie haben immer wieder gesagt: ‚Sie ist alt genug. Sie kommt schon wieder.' Sie sind nicht mal den Hinweisen nachgegangen, die wir von anderen Leuten erhalten hatten."

Im Februar 2011 schrieb Yonela einen Rapsong und nahm ihn auf – „Aufruf an meine Schwester: Komm zurück!". Der Song verbreitete sich wie ein Lauffeuer.

„Innerhalb weniger Tage war das Lied im ganzen Township bekannt. Jeder hatte den Song gehört, und viele haben geweint, weil sie meine Schwester kannten und gernhatten." Aber Ntsiki blieb verschollen.

Im August 2011, fast ein Jahr nach ihrem Verschwinden, kehrte Boniwe sehr spät von einer Familienhochzeit nach Hause zurück.

„Wir hatten uns schon Sorgen gemacht, weil sie nicht wiederkam. Aber dann überbrachte sie uns die schreckliche Nachricht: Auf der Hochzeit hatte sie mit einem Mann gesprochen, der gerade aus dem Gefängnis entlassen worden war. Er hatte einem meiner Cousins meinen Song vorgespielt, ohne zu wissen, dass wir verwandt waren. ‚Oh Mann, die sollten das Mädchen vergessen, die ist schon lange tot', hat er gesagt. Mein Cousin ist ausgerastet: ‚Was meinst du damit, die ist schon lange tot? Sie ist meine Cousine, und wir suchen immer noch nach ihr.' Der Exhäftling sagte: ‚Du weißt doch, dass ich im Gefängnis war, und da hab ich allerhand Geschichten gehört. Weil du's bist, erzähl ich sie dir, und ich werde auch zur Polizei gehen und auspacken.'

Er hatte gehört, dass der Typ, Vuyisile Madikane, der im Haus hinter meiner Mutter wohnte, mit Ntsiki rumhing. Er wollte mit ihr schlafen, aber als Lesbe hat sie natürlich Nein gesagt. Er hat sie dann vergewaltigt und umgebracht. Und das Verrückte daran: Vuyisile hat meine Mutter oft gefragt, ob sie meine Schwester inzwischen gefunden hätten.

Der Exhäftling ist mit ein paar Leuten aus unserer Familie zur Polizei gegangen. Er hat den Mann identifiziert und die Geschichte erzählt, die er im Gefängnis mitbekommen hatte. Aber die Polizei unternahm immer noch nichts."

Dann schritt Yonelas Onkel zur Tat, er war auch bei der Polizei, aber in einem anderen Bezirk. Er mobilisierte sein eigenes Team, und sie statteten Vuyisile Madikane einen Besuch ab.

Am 9. September 2011, fast genau ein Jahr nach ihrem Verschwinden, wurde Ntsikis verwester Körper, eingehüllt in eine Decke und kopfüber in einer schwarzen Mülltonne in seinem Hof gefunden. Vuyisile gestand sofort, sie getötet zu haben, brachte aber vor, dass er sich während eines Streits gewehrt und sie nicht absichtlich getötet hätte. Yonelas Leben war zerstört.

„Als ich sie gesehen habe, sah sie nicht wie ein Mensch aus. Eher wie das Gerippe einer Katze oder so was. Jedenfalls nicht wie meine Schwester. Nichts als Knochen. So klein. Ihre Kleider waren noch in Ordnung, aber sie, sie war nicht mehr."

Der Albtraum war noch nicht vorbei. Es mussten noch DNA-Tests gemacht werden. Erst drei Monate später gab die stellvertretende Polizeipräsidentin Maggie Sotyu den Leichnam für die Familie frei.

„Danach waren alle Zeitungen voll davon – es stand auf den Titelseiten, es kam in den Radio- und Fernsehnachrichten, überall wurden wir damit konfrontiert. Ich konnte kaum zur Schule gehen. Ntsiki wurde an einem Freitag gefunden, beziehungsweise aus dem Müll gefischt. Der Montag darauf war schlimm. Es war das Gesprächsthema in der Klasse. Jeder hatte seine Version von der Geschichte. Sie haben behauptet, es sei ihr Freund gewesen und so weiter und so fort. Aber meine Schwester war lesbisch. So viel wussten wir. Es war sehr, sehr schlimm."

Nach Ntsikis Beerdigung im Dezember 2011 musste die Familie noch einen zermürbenden Gerichtsprozess über sich ergehen lassen. Ntsikis Mörder wurde des Totschlags für schuldig befunden und bekam dennoch bloß eine kurze Haftstrafe.

„Es gab keine Zeugen. Er hat ausgesagt, sie hätten was geraucht und dass er high war. Wir wissen also immer noch nicht, was in der Nacht passiert ist. Er ist der Einzige, der das weiß. Aber die Typen im Knast haben gesagt, er hat es getan, weil sie lesbisch war. Sie haben gesagt, er hätte ihnen erzählt, dass er sie vergewaltigt hat, weil sie eine Lesbe war. Sie hat keinen Hehl aus ihrem Lesbischsein gemacht, und er kannte sie, also wusste er's. Was er den Typen gesagt hat, muss also wahr gewesen sein, immerhin hat es zu seiner Überführung geführt, nicht wahr? Aber die Leute, denen er es gestanden hat, wurden nicht als Zeugen vorgeladen.

Ich finde, er hätte auch dafür bestraft werden müssen, dass er die Leiche versteckt hat. Wie konnte er ...? Aber das ist halt nun mal das Gesetz von Südafrika. Meinen Onkel und sein Team hat das Gericht nicht einmal befragt. Die ganze Sache hat meinen Onkel derart angewidert, dass er den Polizeidienst quittiert hat. Er ist Bauer geworden."

Kurz nachdem Ntsikis Leichnam gefunden worden war, gestand Yonela ihrer Mutter mutig, dass auch sie lesbisch war.

„Ich wusste schon immer, dass ich anders war, aber damals wusste ich noch nicht, inwiefern ... Ich habe es am Anfang einfach nicht verstanden. Es war schwierig genug, mit mir selbst klarzukommen, mir zu sagen, ich dürfe nicht so sein, aber irgendwann kam ich nicht mehr dagegen an. Es war Teil von mir. Meine Mutter war entsetzt und hat mich immer wieder dasselbe gefragt: ‚Willst du auch so sterben?' Das war wirklich hart für mich.

Meine einzige Zuflucht waren meine Gedichte. Ich habe über alles geschrieben. Das hat mir sehr geholfen. Wäre ich nicht die gewesen, die ich bin, wäre ich sicherlich auch bei den Drogen gelandet."

Im Juni 2012 hielt sich Yonelas enge Freundin, die 22-jährige Phumeza Nkolonzi, mit ihrer Großmutter und ihrer sechsjährigen Nichte zu Hause in Nyanga, Kapstadt, auf. Die drei schauten fern. Nkolonzi war am früheren Abend unterwegs gewesen, aber bereits seit acht Uhr wieder zu Hause. Wenig später wurde die Tür von einem Mann eingetreten, der mit einem Gewehr herumfuchtelte. Er hat auf sie geschossen. Er schoss ihr ein zweites und ein drittes Mal aus nächster Nähe in die Stirn. Dann nahm er ihr Handy und ging.

„Sie war wie wir – lesbisch eben. Sie hat Jungskleider getragen. Wir sind zusammen großgeworden, in derselben Gegend. Sie hat in der Nachbarstraße gewohnt – in derselben Straße, in der der Leichnam meiner Schwester gefunden wurde. Ich hatte eben noch mit ihr über WhatsApp gechattet, als mir jemand anders per WhatsApp mitteilt, dass sie gerade bei sich zu Hause niedergeschossen wurde und tot ist. Ich konnte immer nur sagen: ‚Nein, das kann nicht sein.'

Man fragt sich wirklich – wer wird die Nächste sein? Bin ich die Nächste? Ist es eine andere?"

Yonela überkommen die Gefühle. Sie schaut mich an und sagt kaum hörbar: „Das Leben war bisher nicht leicht. Es ist immer noch nicht leicht. Vor drei Tagen, am Montag, hab ich versucht, mich umzubringen, aber sie haben mich da auf dem Boden gefunden und ins Krankenhaus gebracht."

„Was ist denn am Montag passiert?", frage ich.

„Ich bin so schrecklich frustriert von allem. Seit meine Schwester tot ist, meine Mutter ... sie hat keine Therapie gemacht. Also, bei ihr sind noch viele Wunden offen. Ich glaube, wir gehen alle anders mit der Trauer um. Sie sagt manchmal solche Sachen. Sie hat sogar gesagt, dass Ntsiki besser gewesen ist als wir. Das hat mich halt denken lassen, dass ich nutzlos bin, dass meine Mutter nicht stolz genug auf mich ist. Ich hab letztes Jahr Abitur gemacht, und trotzdem sitz ich immer noch hier rum und hab nichts zu tun. Es ist nicht so, dass ich nichts unternommen hätte, ich bin bloß nicht in den Kurs reingekommen, den ich machen wollte, und es fehlt an Geld."

„Was willst du denn machen?"

„Gern was mit Film – Film und Medien, aber ich habe Mathe nicht bestanden. Nach allem, was passiert ist, hatte ich nicht mehr genügend Kraft für die Prüfungsvorbereitungen. Ich hatte keinen Tutor. Aber ich habe Träume. Ich will schreiben, das ist mein Ding. Ich will Schriftstellerin werden. Das ist mein allergrößter Lebenstraum ... das und die Bühne. Aber ich will lieber selber schreiben als auftreten. Momentan trete ich auf, weil ich hoffe, dass sich mir dadurch gewisse Türen öffnen."

Mich beeindruckt die Entschlossenheit, mit der Yonela sich aus der Verzweiflung befreit. Doch trotz ihrer geradezu herausfordernden Lebenseinstellung ist da auch etwas sehr Zerbrechliches.

„Wer passt auf dich auf?", frage ich.

Einen Moment scheint sie etwas irritiert, dann seufzt sie tief und lächelt gequält. „Ich passe selbst auf mich auf. Natürlich sind da noch meine Mutter und meine Schwester. Zu Hause werde ich glücklicherweise akzeptiert, wie ich bin. Hier bin ich ich selbst.

Auch meine Freundin unterstützt mich sehr. Sie ist 18 und wohnt in Gugulethu, aber wir sehen uns kaum. Sie macht gerade ihr Abitur. Vor den Prüfungen ist sie manchmal am Wochenende hergekommen, und ich hab ihr in einigen Fächern geholfen, momentan telefonieren wir aber nur. Ihre Familie weiß wahrscheinlich nichts von uns, auch nicht, dass sie lesbisch ist, sie halten mich wohl bloß für eine Freundin. Das ist wirklich hart. Ich will mich mit ihr zeigen. Wie alle anderen jungen Leute will ich auch sagen, dass ich eine wunderschöne Freundin habe.

Aber das ist gefährlich. Einmal bin ich mit meiner Freundin hier herumgelaufen, und ein paar Jungs sind gekommen und haben angefangen, sie zu schubsen. Sie haben gesagt: ‚Hey, was machst du denn mit der da? Ach komm, das ist nichts für dich.‘ Ich war verletzt, und es hat mir Angst gemacht." Yonela verstummt, ihr Gesicht verdüstert sich vor Wut.

„Erlebst du viel Gewalt?"

„Ja, verbale Gewalt ständig. Sobald ich aus dem Haus gehe. Mannweib. Sie nennen mich Mannweib. So nennen sie uns. Sie brüllen: ‚Du wirst nie ein Junge sein. Dafür werden wir schon sorgen.‘ Sie glauben zu wissen, was wir sind, aber im Grunde haben sie keine Ahnung. Sie nehmen sich nicht mal die Zeit zu fragen."

„Reagierst du, wenn sie so mit dir reden?"

„Manchmal schon, manchmal ignoriere ich sie aber auch. Manchmal, wenn ich wirklich die Nase voll habe, sag ich zu ihnen: ‚Ich bin schön, schöner geht's nicht, schöner als deine Freundin‘, oder: ‚Selber keine Freundin haben, aber mir sagen, ich sei ein Mannweib!‘"

„Hast du Angst?"

„Jeden Tag", sagt sie schnell. „Du weißt nie, wer dein Feind ist. Noch nicht mal den Jungs, die eigentlich deine Freunde sind, kannst du trauen. Du denkst immer, was könnten sie mir wohl antun? Ich hab keine Freunde hier in der Umgebung, aber ich habe noch Freunde aus der Schulzeit."

Yonela hält inne, dann reißt sie sich noch mal zusammen, und aus ihren Augen blitzt ein Fünkchen Wut. Der kleine Junge und das kleine Mädchen schrecken kurz aus dem Schlaf auf, als sie mit gefestigter und lauter Stimme sagt: „Ich bin Aktivistin. Während der Apartheid waren die Aktivisten bereit zu sterben. Ich erinnere mich immer an den Spruch von Solomon Mahlangu: ‚Mein Blut wird den Baum nähren, der die Früchte der Freiheit tragen wird.‘ Genau das sag ich mir auch. Ich schreibe, was mir passt, wie Steve Biko gesagt hat. Ich will, dass es gehört wird. Darum spreche ich, wo ich kann, und trete überall auf. Damit die Leute auch unseren Teil der Geschichte hören. Heterosexuelle können tun, was sie wollen, aber wenn es um uns geht, wird schnell die religiöse Karte ausgespielt. Sogar denen, die Homosexuelle töten, wird vergeben. Als wäre das kein Verbrechen, sondern Gottes Werk. So sieht es aus. Aber ich fürchte mich nicht um meinetwegen. Ich habe Angst um meine Eltern. Mich soll die Angst nicht besiegen. Selbst meine Schwester ... in einem ihrer Gedichte heißt es: ‚Wenn ich eines Tages sterbe, will ich wissen, dass ich für etwas sterbe, für das ich gelebt und an das ich geglaubt habe.‘ Darum ist sie gestorben. Sie ist wirklich im Kampf gestorben. Ich glaube, das ist unser Kampf. Es hat schon viele andere Kämpfe gegeben. Zum Beispiel die Leute mit HIV. Sie sind den gleichen Weg gegangen. Man hat sie angezündet und ihnen lauter schreckliche Sachen angetan. Meine Hoffnung ist, dass eines Tages, vielleicht schon in der kommenden Generation, die jungen Leute sagen werden: ‚Früher gab es eine Zeit, da wurden Homosexuelle in den Townships wie satanische Höllenwesen behandelt, aber heute können wir miteinander leben.‘"

„Du scheinst schwer an dieser Last zu tragen, kann es sein, dass du schon lang nicht mehr glücklich gewesen bist?", frage ich.

„Nein, ich bin nicht glücklich. Aber ich kämpfe dagegen an. Ich versuche mich den Leuten mitzuteilen, damit das Unglück mich nicht erdrückt. Manchmal kann ich dem gegenübertreten, aber manchmal, wie am Montag, überwältigen mich die Dämonen. Mir geht es schon wieder besser, aber ein Teil von mir wünscht sich immer noch, dass ich am Montag gestorben wäre. Ich wünschte, ich wäre gestorben. Vielleicht würde ich jetzt irgendwo ausruhen, anstatt am Leben zu sein und an den nächsten Tag zu denken. An dem man essen muss. An dem man sich anziehen muss. An dem es immer noch was zu tun gibt."

„Aber dann hätten sie gewonnen, du bist doch Aktivistin!"

„Ich muss stark sein. Ein paar Leute, die von der Sache am Montag erfahren haben, haben mich gefragt: ‚Wie kannst du nur so was tun? Du bist doch die, die uns immer ermutigt weiterzumachen! Du schreibst Geschichten und Gedichte, die uns Hoffnung geben. Wie kannst du nur? Ausgerechnet du, die, von der wir immer sagen, wenn wir es eines Tages geschafft haben, dann müssen wir uns bei dir bedanken, weil du uns geholfen hast.' Aber wenn mich Leute anschauen und meinen: ‚Du hast so ein hübsches Lächeln', denke ich im Stillen, ihr wisst ja gar nicht, was hinter diesem Lächeln steht. Dahinter verbirgt sich nämlich etwas Tiefes, Rätselhaftes, etwas, von dem sie keine Ahnung haben."

„Wie müsste dein Leben aussehen, damit du glücklich bist?", frage ich.

Yonela denkt eine Weile intensiv nach. „Ich möchte gern jemand sein. Frei und ohne Angst herumlaufen können. Nicht gesagt bekommen, ich sei ein Mannweib und würde eh nie ein richtiger Kerl. Ich will friedlich und Hand in Hand mit meiner Freundin die Straße runterlaufen können, sie öffentlich küssen, wie alle andern das auch tun. Ich möchte, dass meine Mutter stolz auf mich ist, ihr die Tränen wegwischen, denn sie hat in ihrem Leben mehr geweint als gelacht. Ich will unabhängig sein und mich um meine Familie kümmern können." Und dann lächelt Yonela.

Das Glück scheint mich zu meiden

MELANIE VERWOERD

Die Frau, die mir die Tür aufmacht, sieht definitiv nicht aus wie die Rugbyspielerin, mit der ich verabredet bin. Ja, sie ist von kräftiger Statur, aber das hübsch geschminkte Gesicht und die sorgfältig lackierten Fingernägel kann man sich nur schwer in einem Spielerknäuel vorstellen. Höflich, ja beinahe schüchtern führt uns Wandisa ins Wohnzimmer eines von einer NGO geführten Hauses für junge Straftäterinnen.

Als wir uns hinsetzen, kann ich mir noch weniger vorstellen, dass diese junge Frau mit der sanften Stimme bereits 18 Monate wegen Totschlags im Hochsicherheitsgefängnis Pollsmoor verbracht hat. Und doch, bereits nach den ersten Worten über sich selbst wird spürbar, wie unvermeidlich Wandisas Leben auf eine derartige Katastrophe zugelaufen ist.

„Bei uns zu Hause in Khayelitsha waren wir 18 Kinder", sagt sie. „Niemand hat sich je darum geschert, was ich tue."

„Deine Mutter auch nicht?" Ich muss mich vorbeugen, damit ich ihre Antwort verstehe.

Sie flüstert: „Meine Mutter hat mich und meinen Bruder verlassen, als wir drei Jahre alt waren. Wir sind Zwillinge, aber dann – wir waren gerade einmal vier – hat jemand, der einen Jungen haben wollte, meinen Zwillingsbruder einfach so mitgenommen."

Wandisa wurde in Cofimvaba am Ostkap geboren, ihr Vater starb, als sie acht Monate alt war. Später hat man ihr erzählt, dass ihre Mutter nach dem Tod des Vaters „allmählich verschwand", da sie den Anforderungen nicht gerecht werden konnte, die ihre sechs Kinder an sie stellten. Sie brachte die dreijährigen Zwillinge nach Kapstadt und ließ sie dort bei ihrem Bruder und dessen Frau.

„Ich habe meine Mutter nie wiedergesehen", sagt Wandisa leise.

Ihr Onkel und ihre Tante waren Missionare der Zion Christian Church, und das Haus war ständig voller Leute, die kamen und blieben.

„Wer vom Ostkap kam, war dort herzlich willkommen. Man brauchte weder Miete noch Strom zu zahlen. Man blieb einfach, aß und tat, was man wollte."

Aber das Haus mit den drei Schlafzimmern war zu klein für 18 Kinder und die vielen Erwachsenen. Dennoch verlief Wandisas frühe Kindheit einigermaßen stabil. Sie wuchs in dem Glauben auf, dass Tante und Onkel ihre biologischen Eltern waren.

In der siebten Klasse änderten sich die Dinge. „Ich merkte, dass ich einen anderen Nachnamen trug als die Verwandten in Khayelitsha. Häufig fragte ich nach: ‚Warum heiße ich nicht wie ihr?' Und sie sagten immer: ‚Ach, das spielt doch keine Rolle.'"

Als Wandisa älter wurde, beschäftigte sie das zunehmend. Irgendwann sprach sie mit einem Lehrer in der Schule. „Ich tat so, als ginge es nicht um mich, sondern um eine Freundin. Der Lehrer sagte: ‚Nein, da steckt sicher etwas dahinter.' Wandisa hatte nicht den Mut, direkt nachzufragen, und schrieb ihrer Familie einen Brief. Die Reaktion darauf war heftig.

„Sie sagten: ‚Du willst uns wohl nicht mehr. Jetzt bist du alt genug, also sieh zu, wie du allein zurechtkommst.' Aber ich war noch so jung. Ich war doch erst zwölf!"

Wandisa hält inne, und ich spüre nicht zum ersten Mal, dass sie eigentlich weinen will. Doch beißt sie sich auf die Lippen und fährt fort. „Es war sehr schwierig für mich, und deshalb habe ich über die Stränge geschlagen. Zu Hause spielte ich das gute Mädchen, wusch ab, putzte. Aber sobald alle schliefen, wusste keiner mehr, wo Wandi war."

Bei so vielen Kindern im Haus fiel es den Erwachsenen anscheinend nicht auf, wenn eins fehlte. Wandisa kletterte nachts aus dem Fenster und war dann „weg", wie sie sagt.

Ein Jahr nachdem sie herausgefunden hatte, wer ihre wahren Eltern waren, mit 13, lernte sie einen jungen Mann kennen, der sechs Jahre älter war und in die zwölfte Klasse ging. Obwohl sie wusste, dass er „ziemlich alt" war, entwickelte sich eine Beziehung. Wandisa sagt, sie habe sich zum ersten Mal geliebt gefühlt.

„Er hat mir alles gesagt, was ich hören wollte. Weder von meinen biologischen Eltern noch von den Verwandten hatte ich jemals ‚Wandi, ich liebe dich' gehört. Er hat gesagt, dass er mich liebt und dass ich was Besonderes bin. All das, was ich unbedingt hören wollte. Da habe ich mich in ihn verliebt."

Beide spielten Rugby, und ihr Freund feuerte sie bei den Spielen an. Keiner ihrer Verwandten tauchte je auf, um sie spielen zu sehen. Die Beziehung entwickelte sich rasch, und sie begann, die Nacht bei ihm zu verbringen, etwas, das ihre Familie niemals gutgeheißen hätte – wie sie sehr wohl wusste. Umso beflissener verheimlichte sie es.

„Bei uns zu Hause, in einem christlichen Haus, wäre es mir verboten gewesen, mit einem Mann zusammen zu sein. Ich durfte nicht mit Jungs sprechen und auch keinen Jungen zum Freund haben. Und jetzt wartete mein Liebster draußen vor dem Fenster, wenn meine Tante und mein Onkel schliefen. Und ich bin mit ihm gegangen. Ich hielt mich für glücklich."

Aber Wandisas Glücksgefühl war von kurzer Dauer, ihr Leben nahm eine schreckliche Wendung.

Eines Nachts zu Hause bei ihrem Freund stand sie plötzlich einer 29-jährigen Frau gegenüber. Es stellte sich heraus, dass ihr Freund auch mit dieser Frau ein Verhältnis hatte. Wegen merkwürdiger Nachrichten und Fotos auf seinem Telefon hatte Wandisa bereits Verdacht geschöpft. Darauf angesprochen, hatte er geleugnet und gesagt, sie stammten von der Schwester seiner Cousine. Sie glaubte ihm, obwohl ihre Freundinnen sicher waren, „der hat was mit der". Wie auch immer, gegen zwei Uhr morgens artete der Streit der beiden Frauen in Gewalt aus. Die ältere Frau griff plötzlich nach einem Messer auf dem Küchentisch und stach Wandisa in die Hand.

„Ich habe nur das Blut an meiner Hand gesehen", sagt Wandisa und reibt mit dem Daumen über die entzündete Narbe. „Ich spürte den Schmerz, und da habe ich den Korkenzieher vom Tisch geschnappt und ihn ihr in die Brust gerammt. Ich wollte sie wirklich nicht umbringen."

Ich frage sie, ob sie an dem Abend Drogen genommen oder Alkohol getrunken hatte, und sie schüttelt heftig den Kopf.

„Ich habe überhaupt noch nie Drogen genommen. Ich hatte getrunken, aber darauf möchte ich es nicht schieben. Ich hatte bloß zwei Cider getrunken. Betrunken war ich nicht. Ich erinnere mich an alles, was an dem Tag passiert ist. Ich war nicht betrunken."

Wandisa nennt die Frau nicht beim Namen. Sie nennt sie nur „mein Opfer". Sie sagt, ihr Opfer sei nicht sofort tot gewesen, sondern schnell von ihrem Freund (den sie auch nicht beim Namen nennt) und der Schwester seiner Cousine ins Krankenhaus gebracht worden. Auf dem Weg dahin begingen sie wohl den verhängnisvollen Fehler, den Korkenzieher herauszuziehen, was zu einer starken Blutung und schließlich zum Tod führte.

Nichts ahnend, aber verängstigt von dem, was geschehen war, und im Bewusstsein, dass ihre Familie keine Kenntnis von ihren nächtlichen Ausflügen hatte, rief Wandisa die Polizei an.

„Ich sagte: Ich heiße Wandisa, und ich habe auf jemanden eingestochen, und jetzt hab ich Angst. Ich will nach Hause, können Sie mir bitte helfen?"

Die Polizei kam und brachte sie nach Hause zu den überraschten Verwandten. Wandisa ging schlafen, wurde aber kurz darauf vom Geschrei ihrer Tante geweckt. Aus dem, was sie hinter der Schlafzimmertür mitbekam, schloss Wandisa, dass etwas sehr Schlimmes passiert war. Sie hörte, wie die Polizei der Tante sagte, sie solle ihr raten, etwas Warmes anzuziehen, denn man würde sie mitnehmen und wegen Mordes anklagen.

Wandisa beginnt leicht zu zittern, als sie von den Geschehnissen dieser Nacht berichtet. Sie ringt darum, ihre Gefühle und ihren Atem unter Kontrolle zu bekommen. Nach ein paar Minuten schaut sie kurz zu mir auf, dann wieder auf ihre Hände herab.

„Oje, oje, oje! Ich war dermaßen verstört. Ich konnte nicht fassen, dass diese Hände jemanden getötet hatten", sagt sie und dreht ihre zarten Hände im Schoß.

„Wie hat deine Familie reagiert?"

„Sie waren schrecklich wütend", sagt sie. „Sie mussten die Kosten für die Beerdigung meines Opfers übernehmen und auch noch für mich aufkommen, solange ich im Gefängnis war."

Wandisa wurde angeklagt, zwei Jahre später des Totschlags schuldig gesprochen und zu 48 Monaten Gefängnis verurteilt. Bis zum endgültigen Urteil blieb sie tapfer in Khayelitsha und ging weiter zur Schule.

„Ich brauchte jeden Tag Polizeischutz, weil diese Leute – die Freunde und Verwandten meines Opfers –, sie wollten mich umbringen."

Ich frage sie, wie sich ihre Freunde verhalten hätten und ob sie Unterstützung von ihnen erfahren habe.

Sie schaut mich mit traurigen Augen an. „Ich hatte niemals Freunde. Mein Freund war mein bester Freund. Sogar jetzt noch ... ich hatte mein ganzes Leben lang nie Freunde. Ich habe Cousins und Cousinen, und wir sind wie Freunde. Aber mein bester Freund war mein Freund."

Doch genau wie ihre Mutter vor vielen Jahren verschwand ihr „bester Freund", als sie ihn am meisten brauchte. Sie hat ihn nie wiedergesehen. Drei Jahre nach der Mordnacht wollte er sie im Gefängnis besuchen, aber Wandisa lehnte den Besuch ab.

Die Gerichtsverhandlung war traumatisierend, obwohl Wandisa von einer Sozialarbeiterin begleitet wurde. Auch stürzte sie die Familie in enorme Unkosten, da ein Anwalt beauftragt werden musste. Wandisas ältere Schwester zahlt bis heute 1 000 Rand monatlich für die Anwaltskosten.

Ich versuche mir vorzustellen, wie es sich anfühlt, mit gerade mal 18 Jahren schuldig gesprochen und zu einer Gefängnisstrafe verurteilt zu werden.

Wandisas Stimme bebt, als sie mir erzählt, wie sie nach der Urteilsverkündung die Treppe hinunter in die Zelle und dann ins Hochsicherheitsgefängnis von Pollsmoor gebracht wurde. Ihr Gesicht spiegelt die Angst wider, die sie erlebt haben muss, als sie die Gefängniskleidung entgegengenommen hat und in die Gemeinschaftszelle gesteckt wurde. Sie sagt, sie habe sich nur ein paar Stunden dort aufgehalten, da sofort ein Streit mit der „Zellenchefin" ausgebrochen war.

„Sie war auch schwarz, und ich musste ihr zeigen, dass ich nicht schwach war", sagte Wandisa. „Den Rest meiner Strafe habe ich dann in Einzelhaft abgesessen."

Ich frage sie, wie sie die Zeit im Gefängnis verbracht hat.

Sie spricht nur widerwillig darüber. „Ich denke nicht gern an die Zeit zurück." Sie beschreibt, wie sie um sechs Uhr zum Appell bereit sein mussten und nach 40 Minuten Sport um sieben Uhr Frühstück bekamen. Sie gliedert den Tagesablauf nach den Mahlzeiten, verzieht aber das Gesicht, wenn sie an das Essen denkt. „Über den Fraß will ich nicht reden", sagt sie und gruselt sich.

Wandisa war fest entschlossen, mit der Schule weiterzumachen, und absolvierte im Gefängnis die zwölfte Klasse.

„Nach dem Frühstück habe ich für die Schule gelernt, jeden Tag. Und um halb sechs wurden wir dann wieder in die Zelle geschickt und eingeschlossen."

Sie erschauert in Erinnerung an die Angst, die sie überkam, wenn sie, die es gewohnt war, zu Hause mit 17 oder mehr Kindern zusammen zu sein, plötzlich ganz allein eingesperrt wurde. Manchmal ging es nur mit Beruhigungsmitteln.

„Die Pillen und Spritzen haben ein bisschen geholfen", sagt sie.

Ich frage sie, warum es wohl so gekommen sein mag. Was schiefgelaufen sei.

„Ich war wütend", sagt sie. „So wütend. Nicht nur an diesem Abend. Ich war über etwas anderes wütend. An dem Abend habe ich die Wut an der falschen Person ausgelassen, an meinem Opfer."

Dann erzählt sie mir, wie sie sich als Kind selbst Verletzungen zugefügt hat.

„Unter meinen Zöpfen sieht man heute noch die Narben. Ich hab den Kopf gegen die Wand geschlagen. Ich hab vor Wut gebrüllt, weil ich keine Worte hatte. Manchmal hab ich auf mich selbst eingeprügelt. Ich war so wütend auf meine Herkunftsfamilie." Sie schaut mich ruhig an, aber in ihren Augen blitzt die Verbitterung auf.

„Weißt du, meine Eltern ... sie waren eben nicht für mich da. Meinem Vater gebe ich keine Schuld. Er ist früh gestorben. Aber meine Mutter ... meine Mutter ...“

Und trotz allem hat Wandisa, wie die meisten Kinder, immer gehofft, ihre Mutter wiederzusehen. Sie hat viele Jahre nach ihr gesucht, sogar einen Radiosender um Unterstützung bei der Suche gebeten. Irgendwann fand sie über einen Cousin auf Facebook heraus, dass ihre Mutter wieder in Cofimvaba war. Sie will sie immer noch sehen, aber ihre Bewährungsauflagen verbieten ihr derzeit das Reisen.

Ich versuche mir die Begegnung zwischen einer Mutter und einer Tochter nach 18-jähriger Trennung vorzustellen. Was sagt man zueinander? Wie verhält man sich?

„Früher hatte ich eine Menge Fragen an sie, und es gab so viele Dinge, die ich ihr sagen wollte. Jetzt möchte ich eigentlich nur vergeben und vergessen. Ich kann sie nicht immer hierbehalten“, sagt sie und zeigt auf ihr Herz. „Aber ich möchte sie fragen: ‚Was empfindest du für mich? Jetzt, wo ich groß bin, was empfindest du da?‘“

Ich bin sprachlos, angesichts des tiefen Bedürfnisses dieser jungen Frau, von Menschen, die ihr etwas bedeuten, auch nur einmal die Worte „Ich liebe dich“ zu hören. Die enorme Wut, die jemanden erfasst, vor allem einen so jungen Menschen, nach so viel Verlassenheit und Schmerz, ist leicht nachzuvollziehen. Und doch kommt mir Wandisa nicht mehr wütend vor. Ich frage mich, ob das nicht nur gespielt ist. Als ich bei ihr nachhake, erklärt sie, dass die Zeit im Gefängnis sie sehr verändert habe. Nicht nur durch die Kurse, die sie absolviert, und die psychologische Unterstützung, die sie erhalten hat, sondern auch durch den Kontakt zur Familie ihres Opfers. Sie erzählt mir, sie habe noch während ihrer Zeit im Gefängnis darum gebeten, am Programm der Täter-Opfer-Verständigung teilnehmen zu dürfen.

Im Rahmen dessen traf sie die Familie des Opfers und bat sie um Verzeihung.

„Ich wollte wissen, was sie durchmachen, und sie um Vergebung bitten, auch wenn sie diese verweigern sollten ... Ich wollte mit ihnen reden und ihr Leid teilen. Ich wollte sie um Entschuldigung für das bitten, was ich getan habe. Vor Gericht habe ich nie was gesagt. Meine Anwälte haben das Reden übernommen."

Die Familie, selbst die 15-jährige Tochter des Opfers, war zu ihr ins Gefängnis gekommen. „Da waren sie und saßen aneinandergereiht an einem langen Tisch. Außerdem waren zwei Polizisten und zwei Gefängnisaufseher dabei." Wandisa bekam Unterstützung von ihrer Sozialarbeiterin und einem Psychologen. „Von meiner Familie war niemand da. Ich war ganz allein. Ich musste für mich selbst sprechen."

Ich erkundige mich, wie es gelaufen sei, obwohl klar ist, dass die Familie sehr aufgebracht war. Wandisa wurde der Falschaussage im Zeugenstand beschuldigt, was sie bestreitet, und auch, ihren Exfreund zu schützen, den sie seit dem verhängnisvollen Abend nicht gesehen hat.

Ich frage Wandisa, wie sie sich jetzt fühlt. Sie lässt den Kopf hängen. Mit echtem Schmerz in der Stimme sagt sie: „Es tut mir so leid. So leid für mein Opfer. Aber auch für ihre Tochter tut es mir leid. Ich habe ihr die Mutter weggenommen. Wenn ich Geld hätte, würde ich ihr alles kaufen. Und trotzdem kann ich ihr die Mutter nicht ersetzen. Niemals." Sie schweigt ein paar Sekunden, dann sagt sie: „Wenn ich die Zeit zurückdrehen könnte, würde ich alles anders machen. Alles! Gäbe es einen Zauberstab, würde ich alles ausradieren. Das würde ich tun. Leider gibt es so etwas nicht."

Wandisa hat Frieden geschlossen mit dem Fakt, dass sie die Ereignisse dieser schrecklichen Nacht nicht mehr rückgängig machen kann. Und doch ist für sie die Wahrscheinlichkeit äußerst gering, dass sie jemals das normale unbeschwerte Leben einer 21-Jährigen führen kann. Nach der Entlassung aus der 18-monatigen Haft ist sie bis September 2016 auf Bewährung, mit vielen Auflagen. Sie muss in einer Einrichtung für ehemalige Straftäterinnen bleiben, in der ein striktes Reglement mit strenger Aufgabenteilung herrscht. Sie darf nicht reisen und muss sich wöchentlich bei ihrem Bewährungshelfer melden. Manchmal besucht sie ihre Familie in Khayelitsha, aber sie hat riesige Angst vor möglichen Übergriffen der Familie ihres Opfers. Ihr Bewährungshelfer hat ihr davon abgeraten, dort hinzufahren, aber das bedeutet für sie nur noch mehr Einsamkeit.

Trotz alledem scheint Wandisa wild entschlossen, sich eine Zukunft aufzubauen. Sie beschäftigt sich mit der frühkindlichen Entwicklung und möchte gern Kinderpsychologin werden. „Ich will unbedingt Kindern helfen", sagt sie, „und ich will eine gute Mutter sein. Ich werde meinen Kindern jeden Tag sagen, dass ich sie liebe."

Nach einem Freund oder einer Beziehung steht ihr momentan nicht der Sinn. „Ich sage nicht nie, aber im Moment jedenfalls nicht!", äußert sie in aller Bestimmtheit.

Als unser Gespräch sich dem Ende nähert, lehnt sich Sonwabiso vor, der Wandisa und mir bislang das Reden überlassen hat. „*Sisi*, Schwester", fragt er in seiner üblichen respektvollen und freundlichen Art, „kannst du dich an einen Moment erinnern, an dem du wirklich glücklich gewesen bist?"

Nachdem sie eine Stunde lang tapfer versucht hat, ihre wirklich außergewöhnlich schwierige Lebensgeschichte zu erzählen, scheint diese vorsichtige, beinahe sachliche Frage etwas in Wandisa aufzubrechen. Sie atmet scharf ein und reißt die Augen auf. „*Yoh*", sagt sie und ringt sich ein Lächeln ab, doch dann bricht der Damm. Tränen laufen ihr die Wangen hinunter, als sie Sonwabiso anschaut. Sie schafft es gerade mal, den Kopf zu schütteln. Dann nimmt sie sich zusammen und flüstert heiser: „Nein, *bhuti*, Bruder. Das Glück scheint mich zu meiden."

JAIME STERLING

Ich wurde mit gewissen Privilegien geboren

SONWABISO NGCOWA

Es ist der letzte Montag im Januar 2015. Ich parke mein Auto vor Jaimes Haus in Fish Hoek neben einem üppig blühenden Zylinderputzerbaum. Per Telefon kündige ich an, dass ich da bin, und gehe ans Tor. Eine junge Frau springt barfuß die Einfahrt hinunter und lächelt mir freundlich entgegen.

„Hallo, ich bin Sonwabiso", sage ich und reiche ihr die Hand.

„Ich bin Jaime. Komm doch bitte rein."

Ich folge ihr ins Haus. Wir setzen uns auf schicke weiße Sofas. Um uns herum akkurat sortierte Bücherregale. Jenseits einer großen Glastür, die in den Garten führt, ist ein Gartengehilfe am Werk.

Als Allererstes frage ich Jaime danach, wer sie ist. Mit ihrer wohltuenden Stimme erzählt sie ihre fesselnde Geschichte.

„Wenn ich darüber nachdenke, wer ich bin, fällt mir als Erstes mal ein: Ich bin Studentin. Das umschreibt zumindest das, womit ich derzeit praktisch am meisten beschäftigt bin. Aber die Frage ist schwer zu beantworten ... Also, jedenfalls bin ich weiß und gehöre dem Mittelstand an, obwohl ich die meisten damit einhergehenden Werte ablehne. Das sind wohl zumindest in etwa die äußeren Merkmale. Und dann bin ich noch weiblich. Obwohl ich mich schon länger ausgiebig mit der Frage nach meiner eigenen Identität auseinandersetze, finde ich es immer noch schwierig, eine klare Antwort darauf zu geben. Vor allem ändert sich das ja auch ständig. Ich halte mich für einigermaßen kosmopolitisch. Meine Freunde haben die unterschiedlichsten Lebenshintergründe. Schon in der Schule wollte ich unbedingt Leute verschiedenster Herkunft kennenlernen.

Eine meiner größten Demütigungen war es wohl, als eine entsetzte Mutter ihre Tochter von der Party zu meinem fünften Geburtstag abgeholt hat ... Damals wohnten wir noch in Pinelands. Die Dame hatte herausgefunden, dass ich zwei Mütter habe.

Wir hatten immer das Gefühl, in jener Gemeinde nicht willkommen zu sein. Mir war es dort zu konservativ. Deshalb sind wir auch weggezogen.

Ein Kind mit zwei Müttern ist ein vergleichsweise ungewöhnliches Familienmodell. Ich habe noch Kontakt zu meinem biologischen Vater. Er lebt in Barrydale. Ich besuche ihn jedes Jahr. Meine Mutter und er hatten allerdings keine wirkliche Beziehung. Die meisten Leute gehen davon aus, dass sie eine hatten und dass meine Mutter sich erst später entschlossen hat, lesbisch zu werden. Aber es war eine geplante Sache: Ich bin ein Wunschkind. Und meine Mutter wollte, dass ich meinen Vater kennenlerne.

Mein Vater betreibt einen Kunstgewerbehandel. Sie produzieren Kerzenhalter aus Recyclinggut. Einer von diesen Leuchtern steht derzeit im Weißen Haus, im Zimmer von Barack Obamas Tochter. So cool!

Mein Glück war, dass ich viele erwachsene Rollenvorbilder hatte. Was Geschlecht und Sexualität angeht, bin ich sehr offen erzogen worden.

Die Schulen, die ich besuchte, haben auf die Tatsache, dass ich zwei Mütter habe, unterschiedlich reagiert. Ich war auf der Pinelands-Grundschule, aber wie gesagt, wir sind ja dann von

Pinelands weggezogen. Zum Glück konnte ich auch nach dem Umzug den Kontakt zu einigen meiner Freunde aufrechterhalten. Wegen des Meeres sind wir dann nach Fish Hoek gekommen. Eine wunderschöne Gegend, in der wir uns viel wohler fühlen als in Pinelands.

Am Anfang bin ich auf die Star-of-the-Sea-Grundschule in Kalk Bay gegangen. Dort waren wir 25 Schülerinnen und Schüler in der Klasse. Zum Glück hatten wir einen Xhosa-Lehrer und isiXhosa-Unterricht. Aber auf der Fish Hoek Highschool wurde leider kein isiXhosa angeboten.

Auf der Fish Hoek High hatte ich wegen meiner beiden Mütter nie Probleme. Wenn ich als Achtklässlerin und junge Teenagerin Freundinnen nach Hause brachte, wurde ich schon einmal auf die beiden Mütter angesprochen. Aber das war nicht lesbenfeindlich, das war, weil sie es nicht kannten. Sie wollten immer was über meinen Vater wissen und wie genau es dazu kommt, dass ich zwei Mütter habe.

In der Schule waren homophobe Äußerungen gang und gäbe. Irgendwann habe ich gesagt: Meine Eltern sind übrigens homosexuell.

Ab einem gewissen Punkt hat sich die Haltung der Leute verändert. Sie haben gemerkt, dass es nicht in allen Familien gleich zugeht.

Obwohl es nicht zu meinen Lieblingsbeschäftigungen gehörte, war ich in der Schule ziemlich gut. Mit dem Lernen hatte ich keine Probleme. Ich wollte bloß nicht in eine Schublade gesteckt werden. Auch die Lehrer waren nicht das Problem, ich hatte großartige Lehrer. Schulisch lief alles glatt. Von außen betrachtet, kam ich gut zurecht. Aber trotzdem habe ich mich oft unwohl gefühlt. Vor allem auf der Fish Hoek High, wo ein strenges Regiment herrschte. Was ich ja nachvollziehen kann bei so einer großen Schule.

Ich hatte Freunde und war einigermaßen beliebt, hatte aber meistens das Gefühl, ich sei nicht am richtigen Ort und würde in diesem Umfeld nicht gedeihen. Insgeheim hab ich mich immer ein bisschen schüchtern und daneben gefühlt, aber angesehen hat man es mir wohl nicht.

Auf dem Abbots College in Claremont, wohin ich fürs Abitur gezogen bin, war das viel weniger der Fall. Es gab kleinere Klassen. Ich habe es genossen, dem Tal ein bisschen zu entfliehen. Es hat mir die Augen für die Welt geöffnet.

Auf dem Abbots wurde isiXhosa-Unterricht angeboten, aber weil ich auf der Fish Hoek High keinen hatte, hinkte ich so weit hinterher, dass ich dachte, ich könnte es nicht als Prüfungsfach im Abi nehmen. Was sehr schade ist. IsiXhosa sollte Pflichtfach sein, wenigstens am Westkap und am Ostkap.

Mein morgendlicher Weg ans Abbots College war eine 40-minütige Zugfahrt. Ich liebte das. Ich interessiere mich sehr für Menschen und beobachte sie gern. Was da Tag für Tag im Zug passiert, finde ich extrem unterhaltsam. Manchmal wird es allerdings auch langweilig. Nach einem langen Tag hast du nicht unbedingt Lust, in einem vollgepackten Zug zu stecken. Zugverspätungen und -ausfälle sind auch nicht gerade lustig. Aber Verspätungen gibt es halt überall.

Ich hatte mich an der UCT, der Universität von Kapstadt, um einen Studienplatz beworben. Und bin nicht genommen worden. Das hat mich ziemlich traurig gemacht. Vor allem in der ersten Woche nach der Absage, da war ich wirklich deprimiert. Meine Familie ist mein stärkster Rückhalt, also spreche ich erst einmal mit meiner Familie, wenn mich was umtreibt.

Ich bin gefragt worden, ob ich mich über die Aufnahmeregelung der UCT bezüglich ‚Rasse‘ ärgere. Aber das ist mir zuerst gar nicht eingefallen. Ich dachte, meine Abinoten seien vielleicht nicht gut genug gewesen.

Ich habe mich nicht ungerecht behandelt gefühlt. Es war eher der Schock. Ich habe kein Problem mit der Quotenregelung, ich halte sie sogar für nicht streng genug. Ich denke, es muss noch mehr unternommen werden, um den sozialen Zusammenhalt zu fördern. Es geht nicht nur darum, wie viele schwarze Studenten auf die UCT gehen, sondern auch darum, wie Diversität unter den Studierenden gelebt wird. Ich halte es für eine enge Auffassung von Diversität.

Wegen der UCT zögere ich noch. Die letzten zwei Jahre habe ich überlegt, vielleicht mein Postgraduiertenstudium dort zu absolvieren. Eine Quote ist toll, aber wie soll sich eine vielfältige Kultur leben lassen, solange es bloß eine Unterrichtssprache gibt? Quoten sind wirklich wichtig, aber Quoten allein sind kein wirksames Mittel zur Diversität. Zur Verbesserung der Beziehungen über die Grenzen von ‚Rasse‘ und Geschlecht hinaus muss noch sehr viel mehr unternommen werden. Ich war nur ein paarmal da, vielleicht ist das nicht repräsentativ. Aber mir ist aufgefallen, dass doch meistens Studenten aus demselben sozialen Umfeld miteinander rumhängen. Trotzdem toll, dass die Quote sich so verbessert hat. In Stellenbosch genau dasselbe. Mit Sicherheit ein Schritt in die richtige Richtung. Wie sonst soll man Vielfalt erreichen, wenn schon die Quote nicht stimmt?

Die Universität von Stellenbosch war einfach himmlisch. Endlich mal ein Ort, an dem ich das Gefühl hatte, überleben zu können. Am Anfang war mir mulmig, nach Stellenbosch zu gehen, weil es als echt konservativ gilt. Aber ich fühle mich an der Uni wohl. Unsere Bachelorklasse ist ziemlich durchmischt, da triffst du auf die verschiedensten Leute. Am Anfang war ich nervös, weil mein Afrikaans nicht besonders gut ist. Aber dann waren in meiner Klasse viele Englisch sprechende Leute.

Mir gefällt es in Stellenbosch, aber manche Sachen liegen mir doch auf dem Gewissen. Zum Beispiel die vielen Schulen, an denen es immer noch kein Wasser gibt oder denen es an der elementarsten Grundausstattung mangelt. Der Bruder meines Freundes geht auf eine Schule in Stellenbosch, Paul Roos. Dort bin ich einmal gewesen: ein riesiges Gelände und erstklassige Ausstattung. Zehn Minuten davon entfernt befindet sich eine Schule im Township Khayamnandi. Auch dort bin ich gewesen: eine komplett andere Welt. Das ist nicht fair. Diese Kinder haben völlig verschiedene Zukunftsaussichten. Klar könnten alle am Ende auf der Stellenbosch-Universität landen. Theoretisch wäre das möglich. Aber es sind einfach vollkommen verschiedene Ausgangslagen.

Ich habe zwei schwarze Freundinnen, deren Eltern ziemlich erfolgreiche Geschäftsleute sind. Neulich hab ich mit einer der beiden geredet, und sie ist der Meinung, Erfolg hänge davon ab, wie viel Arbeit man reinsteckt. Was stimmt. Ich bin vollkommen ihrer Meinung. Aber schwarze und weiße Menschen in Südafrika haben ganz unterschiedliche Ausgangslagen – und das spielt eine große Rolle dabei, wie weit sie kommen.

Ich meine nicht, dass man nicht auch harte Zeiten durchstehen und sich hocharbeiten kann. Das haben schon so viele Leute getan, und es ist machbar. Aber ich fühle mich schuldig. Vielleicht nicht gerade schuldig, aber der Gedanke daran schwebt die ganze Zeit über mir.

Ins *Listen, Live & Learn*-Programm zu kommen, das Vorzeigewohnprojekt von Stellenbosch, war wirklich cool. All die Leute im LLL-Village zu treffen, das war das Beste. Und das Village ist riesig. Ich bin im Haus für Geschlechtergleichstellung. Nächstes Jahr machen wir ein Projekt zu diesem Thema. Das ganze Jahr über arbeiten wir zusammen an verschiedenen Projekten. Das Haus für Bildung in Gemeinden ist verantwortlich für ein ziemlich großes Tutorenprogramm in Khayamnandi, das Abiturienten in Englisch und Mathe unterrichtet. Sie unterrichten einander und haben die Aufgabe, andere Schüler für das Programm zu gewinnen. Es wird jeweils eine universitäre Lehrkraft zur Beaufsichtigung der Fächer abgestellt.

Meine Mama war stark engagiert in der Antiapartheidsbewegung. Sie war auf Kundgebungen in Cato Manor und hat auch an den Studentenprotesten teilgenommen. Sie hat Freiwilligenarbeit für Fatima Meer geleistet.

Mein Vater ist irgendwann ins Gefängnis gewandert, weil er nicht in der South African Defence Force, der Südafrikanischen Wehrmacht, dienen wollte. Ich bin so erzogen worden, dass mir sehr wohl bewusst war, was rundherum passierte – welche Opfer die Leute auf sich genommen haben. Ich bin stolz darauf, 1994 geboren zu sein.

Mir ist klar, dass es noch eine Menge zu tun gibt. Schau dir Fish Hoek an, der Großteil der Leute hier gehört zum weißen Mittelstand. Und dann schau dir an, wer den Großteil der armen Leute ausmacht. Ich bin von Geburt an in gewisser Weise privilegiert. Manche meiner Freunde sind da gar nicht meiner Meinung, sogar einige meiner schwarzen Freunde. Sie sagen, wir müssen genau das überwinden und nach vorn schauen. Ich bin in einer Familie groß geworden, in der beide Eltern studiert haben. Beide mussten sich dafür nicht besonders anstrengen. Sie waren zwar nicht gerade wohlhabend, konnten aber auf die Universität gehen. Schon ihre Schulen waren besser ausgestattet als die des Großteils der anderen Leute. Und diesen Hintergrund habe ich quasi ererbt.

Meine Mutter arbeitet in der Bibliothek in Fish Hoek. Ich habe eine jüngere Schwester. Sie ist Jahrgang 2000 und geht in Fish Hoek auf die Highschool.

Meine andere Mutter ist ausgebildete Sozialarbeiterin. Sie arbeitet als Ausbildungsleiterin bei der TB/HIV Care Association in Kapstadt, einem Pflegezentrum. Sie liebt ihre Arbeit, bis auf die lange Anfahrt. Morgens muss sie sehr früh aus dem Haus, und abends kommt sie spät zurück. Sie empfindet ihre Arbeit als sehr befriedigend. Manchmal bringt sie allerhand Zeugs mit nach Hause, zum Beispiel Kondome. Es ist so peinlich, wenn meine Freundinnen mich besuchen und überall Kondome rumliegen. „Mama, bitte pack das in eine Schachtel oder sonst wohin", sag ich oft. Ich war schon mit meiner Mutter auf Aidsseminaren. So bin ich aufgeklärt und über Safer Sex informiert worden. Ihre Anspielungen waren mir immer peinlich. Zum Beispiel, wenn ich mit meinen Freunden dasaß, besonders wenn Jungs dabei waren, und sie gesagt hat: ‚Du weißt ja, die Kondome liegen im Schrank.'

Auch in der Schule wurde darüber geredet: Sex, Safer Sex, Schwangerschaft, Geschlechtskrankheiten – darüber wurde im Lebensorientierungsunterricht lang und breit gesprochen. Aber der Lehrerin in Fish Hoek war es offenbar unangenehm, über Sex zu reden. Die Lehrerin am Abbots College war dafür eine Wucht, es war eine junge. Bei ihr war das eher ein freundliches, extrem wichtiges Gespräch.

Ich würde mich als heterosexuell bezeichnen. Im Moment habe ich keine Beziehung, aber ich hatte schon mal einen Freund. Er war zwei Jahre älter als ich und gerade fertig mit der Schule. Er wohnt auch hier in der Gegend. Wir waren während der elften und im Abijahr zusammen. Unsere Trennung war nicht schlimm und hatte auch mit Stellenbosch zu tun. Ich wollte nicht in einer Beziehung sein, wenn ich nach Stellenbosch gehe. Vielleicht später, schauen wir dann, habe ich gesagt. Aber dann ist doch irgendwie jeder seinen eigenen Weg gegangen. Wenn ich ihn irgendwo gesehen habe, hab ich natürlich Hallo gesagt. Auf Facebook sind wir immer noch befreundet. Er ist jetzt mit jemand anders zusammen."

„Bei den Wahlen von 2014 habe ich gewählt, was aber nicht bedeutet, dass ich mit allem einverstanden bin, was die Partei tut, der ich meine Stimme gegeben habe. Ich weiß noch, dass ich extrem lang darüber nachgedacht habe. Das war aufregend.

Wir leben halt so isoliert voneinander, jeder in seiner Nische. Mein Wunsch wäre es, den sozialen Zusammenhalt von Menschen verschiedener ‚Rasse‘, verschiedenen Geschlechts und unterschiedlicher sexueller Orientierung zu stärken und zu unterstützen.

Ich weiß noch, wie früher bei uns in der Schule Masiphumelele als eine Art Gefahrenzone dargestellt wurde. Ich kannte es und habe mich dort nie irgendwie bedroht gefühlt. Während meiner Zeit auf der Waldorfschule hatte ich zwei Freundinnen, die in Masi wohnten, und die habe ich dort besucht. Ich finde es wirklich problematisch, dass Townships als Gefahrenzonen dargestellt werden. Wie soll eine soziale Einheit entstehen, wenn die meisten Weißen in den angrenzenden Vororten Townships für Gefahrenzonen halten? Und im Grunde haben sie überhaupt keine Ahnung. Sie sind nie im Township gewesen und haben sich nie mit den Leuten dort unterhalten."

Zwillinge und zwei Babys

SONWABISO NGCOWA

Vor mir sitzt Nosiphe, rechts daneben ihre Schwester Nosimphiwe. Nosiphe trägt einen Jeansrock, blaues T-Shirt und Flipflops und hat ihren neun Monate alten Sohn auf dem Arm. Nosimphiwe trägt ein schwarz-weiß gestreiftes Kleid und Flipflops und hat ihre zweijährige Tochter auf dem Arm. Sie ist schmaler als ihre Zwillingsschwester, die kurz nach ihr geboren ist.

Nosimphiwe erinnert sich an den Tag, an dem sie ihrer Schwester mitgeteilt hat, dass sie schwanger ist. „Wir haben vor dem Haus gesessen und die Leute beobachtet, die die Pokela Street im Masiphumelele Township auf- und abspaziert sind. ‚Was!?‘, war das Einzige, was Nosiphe herausgebracht hat.

Ich dachte daran, wo wir hergekommen waren, den ganzen Weg vom Dorf Ntubeni in Wollowvale. Dort wurden wir am 13. Dezember 1994 geboren. Dort sind wir auch in die Kinderkrippe gegangen – im Dorf. Genau genommen war es die Krippe unserer Tante, deshalb brauchten wir nichts zu zahlen. Ich erinnere mich, wie wir gesungen haben – herumgerannt und auf die Nase gefallen sind, Arzt und Krankenschwester oder Geschäftsfrau gespielt haben. Bei so vielen schönen Erinnerungen und meinen ersten Erfahrungen mit Jungs hätte ich nie gedacht, dass ich so früh schwanger werden würde. ‚Es ist von ihm, stimmt's? Er ist der Vater!', hat sich Nosiphe neugierig nach meinem Schulfreund erkundigt.

‚Natürlich ist es von ihm. Von wem denn sonst?'

‚Der ist doch gerade mal in der Elften. Noch nicht mal fertig mit der Schule!', hat Nosiphe gesagt.

‚Das weiß ich', habe ich ruhig geantwortet.

Ich hatte beschlossen, meinem Freund nichts von der Schwangerschaft zu erzählen. Aber meine Freundinnen haben alle auf mich eingeredet, dass ich es ihm sagen soll.

‚Der sieht es dann schon von selbst.' Ich blieb beharrlich. ‚Wie denn, wenn du immer im Klassenzimmer bleibst?', meinte eine meiner Freundinnen. Sie wusste nicht, dass ich meinen Freund zu dem Zeitpunkt bereits hasste, und ich hatte keine Ahnung, warum. Meine älteste Schwester hat mir dann erklärt: ‚Du hasst ihn überhaupt nicht. Das ist bloß, weil du schwanger bist.'

‚Das war doch niemals geplant. Wie ist das denn passiert?', hat Nosiphe jedes Mal wieder schockiert nachgefragt.

Es war mitten im Jahr, im Juni. Ich war in der neunten Klasse. Schwanger. ‚Ich habe einfach nicht damit gerechnet', hab ich Nosiphe immer wieder erklärt. Ich war schon die zweite aus der Klasse, die in dem Jahr schwanger wurde. Aber die Erste war um einiges älter als ich.

‚Hoffentlich halten deine Klassenkameradinnen zu dir, Schwester', sagte Nosiphe. Jeden Tag in der Schule hoffte ich, ihr Wunsch würde sich bewahrheiten. Aber ich bekam keine Unterstützung. Meine Schulkameradinnen zerrissen sich über mich das Maul. Viele sagten hässliche Sachen. Mir kam das alles zu Ohren. Zum Glück hatte ich einen Kreis enger Freundinnen. Die sagten, ich solle mir keine Sorgen machen; jeder mache mal Fehler.

Meine Lehrerin nahm mich beiseite. ‚Lern was aus deinem Fehler. Du kannst immer noch Klassenbeste sein und deine

Träume wahr werden lassen. Gib nicht auf', sagte sie. Ich werde ihre Worte niemals vergessen.

Einmal bin ich in der Pause draußen gewesen. Meinen Freund hatte ich schon seit Wochen nicht gesehen. Meine Freundinnen sahen ihn kommen. Sie haben mich nicht vorgewarnt, weil sie wussten, dass ich weglaufen würde. Er ist auf uns Mädchen zugekommen und hat meine Hand genommen. Ich habe seine Hand weggeschlagen und bin losgesprintet ins Klassenzimmer.

‚Ich kann einfach nicht glauben, dass er auf diese Weise erfahren hat, dass du schwanger bist', hat Nosiphe gesagt.

‚Du weißt doch, wie das hier läuft. Er hat es schon längst von anderen gehört. Er hat den Leuten nicht geglaubt. Er hat gesagt, er wolle es mit eigenen Augen sehen. Er hat niemandem getraut. Und an dem Tag, an dem du in der Pause draußen warst, hat er es dann selbst gesehen', hat Nosiphe gesagt.

Irgendwann habe ich langsam wieder die Geräusche um mich herum wahrgenommen – die Autos, die die Pokela Street rauf- und runterfuhren, hupende Taxis. ‚*Mashihambe masambe mama*, auf geht's zur Fish Hoek Mall!', rief ein Gaartjie, ein Fahrer.

Dann hörte ich wieder nur die Stimme meiner Schwester. ‚Jetzt mal Klartext, von Schwester zu Schwester, hast du dich bewusst gegen ein Kondom entschieden, oder ist es gerissen?'

Ich weiß nicht, was passiert ist. Ich habe nie ohne Kondom mit ihm geschlafen. Es muss gerissen sein. Es hat mich wirklich kalt erwischt. Hätte ich geahnt, dass die Möglichkeit besteht, schwanger zu werden, wäre ich in die Klinik gleich gegenüber gegangen.

Tagelang hat mir mein Freund vor dem Haus aufgelauert. Nachdem ich ihn schon Ewigkeiten mit meiner Schwester hinter dem Vorhang beobachtet hatte und ihn immer wieder abziehen ließ, habe ich dann irgendwann beschlossen, doch mit ihm zu reden. ‚Stimmt das, was ich da höre?', hat er gefragt.

‚Was soll die Frage? Du siehst doch, dass ich schwanger bin.' Ich wurde sauer.

Er war einfach baff. ‚Aber wie ist das denn passiert?', wollte er wissen.

‚Frag mich nicht. Du weißt ja selbst, dass wir immer ein Kondom benutzt haben. Ich hab keine Ahnung, wie das passiert ist. Und ich schlafe mit niemand anders.'

‚Weiß dein Vater Bescheid?'

‚Er hat sich nicht danach erkundigt, deshalb bin ich nicht sicher, ob er es weiß.'

Ich weiß nicht, ob mein Freund noch was anderes fragen wollte. Ich hab mich einfach umgedreht und bin wieder ins Haus gegangen.

Am nächsten Tag rief mein Vater nach mir. Der Mann meiner älteren Schwester war zu Besuch. Sie haben mich gefragt. ‚Ewe, tata, ja, Vater', hab ich gesagt. Aus irgendeinem Grund denke ich, dass Nosiphe nervöser war als ich.

Nosiphe sagt: „Meistens halten wir zusammen wie Pech und Schwefel. Früher bei Streitereien war es auch so. Wenn eine von uns irgendwo Zoff hatte, war die andere immer auf ihrer Seite. Die anderen Kinder hatten Angst vor uns. An uns hat sich keiner rangetraut. Wir haben uns im Doppelpack verteidigt. Damit haben wir es den anderen ganz schön schwer gemacht.

Wir sind 1999 nach Kapstadt gekommen. Unsere neue Schule war die Ukhanyo-Grundschule, nur zwei Häuser von unserem Haus in Masiphumelele entfernt. Als unsere Mutter uns am ersten Tag hingebracht hat, wartete da eine lange Schlange, wir kamen erst in der Pause ins Klassenzimmer. Mama ist dann weggegangen, als wir bei der Schulspeisung für Brot anstanden. Wir sind ihr heulend nachgerannt, aber unsere Lehrerin kam hinterher und hat uns am Schultor wieder eingefangen. Wir waren es nicht gewohnt, bei fremden Leuten zu bleiben. Selbst in der Krippe fühlten wir uns wie zu Hause, wir waren ja bei unserer Tante.

Aber wir haben uns daran gewöhnt, obwohl sie uns in verschiedene Klassen gesteckt haben. Wir hätten das nie so gewollt, und manchmal tat es richtig weh. Aber wir hatten nichts zu sagen, es war einfach nichts zu machen.

In unseren Klassen in der Grundschule waren knapp 50 Schülerinnen und Schüler. Ich erinnere mich an den Klassenkehrplan, auf dem standen beinahe 50 Namen.

Nur die ersten drei Tage haben wir Essen von zu Hause für die Pause mitgebracht. Danach haben wir am Schulspeisungsprogramm teilgenommen. Manchmal gab es in der Klasse sogar Äpfel. Wir bekamen ein Erdnussbutterbrot und einen Milchshake. Später wurde für uns gekocht.

Bei der Abschlussfeier für die Grundschule haben wir nicht mitgemacht. Zu Hause war das Geld knapp. Unser Vater hat gesagt, er könne nur das Kleid und die Sachen für eine von uns kaufen. Wir sind dann beide nicht zur Abschlussfeier gegangen. Wenn nur eine hingegangen wäre, wäre es noch schlimmer gewesen. Wir waren wirklich traurig, weil alle unsere Freundinnen dabei gewesen sind – in ihren neuen Klamotten, neuen Frisuren, geschminkt und alles. Richtig aufgemotzt eben! Aber wir wussten ja, was bei uns zu Hause los war. Vielleicht hat Nosimphiwe es ein bisschen besser verstanden als ich. Mir war einfach nur zum Heulen. Sie hat immer noch ein Lächeln hingekriegt. Oder einen richtigen Lachanfall bekommen. Meine Schwester kann lachen, das kannst du mir glauben!"

Nosimphiwe stimmt zu. „In der Highschool war ich immer diejenige, die am lautesten gelacht hat. Wir sind auf die Masiphumelele High gegangen. In der Grundschule wurden noch Schläge ausgeteilt. Auf der Highschool gab es das nicht, da wurde man mit Nachsitzen bestraft. Nach der Schule musste man noch ein oder zwei Stunden länger dort rumsitzen. Manchmal durften wir Hausaufgaben machen. Manchmal mussten wir eine Million Mal ‚Entschuldigung, Frau Lehrerin' schreiben. Darüber musste ich auch immer lachen. Und manchmal bekam man beim Nachsitzen gleich noch mal Nachsitzen aufgebrummt.

Unser Vater hat meistens auf dem Sofa gesessen und uns zugehört. Ich habe seine Wärme gespürt, seine Liebe für uns. Er brauchte gar nichts zu sagen. Es lag alles in seinem Lächeln. Manchmal habe ich ihm angesehen, dass er an unsere verstorbene Mutter denkt. Es fällt uns nicht leicht, über den Tod unserer Mutter zu reden ... vielleicht kann später eine von uns darüber sprechen, ohne gleich loszuheulen.

An Tagen, an denen alle zu Hause waren, musste Nosiphe elf Teller auf den Tisch stellen – für sieben Schwestern und drei Brüder. Eine der Schwestern ist eigentlich unsere Cousine. Der Teller unseres Vaters war natürlich der wichtigste. Er arbeitet als Gärtner in Fish Hoek. Er ist 76 und immer noch topfit! Er hat dafür gesorgt, dass immer Strom und was zu essen da war. Sogar als unsere beiden Kinder dazukamen, hat unser Vater für uns alle gesorgt. Darum ist mir Erfolg so wichtig. Ich will meinem lieben Vater auf ganz besondere Art zeigen, wie sehr ich ihn schätze. Momentan denke ich einfach an ihn, und sofort zaubert er mir ein Lächeln aufs Gesicht. Ich koch ihm Tee, wenn er von der Arbeit kommt, und bleibe abends zu Hause. Unser Vater mag es nicht, wenn wir nach dem Lichtausmachen nicht zu Hause sind. Dann kann er richtig wütend werden.

Irgendwann hat unsere ältere Schwester angefangen, mit uns über Kondome und andere Verhütungsmittel zu sprechen. Sie hat gemerkt, dass wir immer öfter spät nach Hause gekommen sind. Sie hat geahnt, dass wir schon Sex hatten.

Unser ältester Bruder ist 43. Der zweitälteste 30 und etwas. Der dritte ist verstorben. Noch so ein Todesfall in unserer Familie. Das ist wirklich hart. Er ist mit 28 gestorben. Der nächste wird dieses Jahr 23. Und der danach ist 21. Dann kommen wir Zwillinge – mit 20, werden bald 21. Und dann unser Jüngster, er ist jetzt 14 Jahre alt.

Eine richtige Großfamilie, und für die musste gekocht werden. Nosiphe und ich haben uns dabei abgewechselt. Und dann hat sie einen Typen von außerhalb kennengelernt. Der Kochplan ist zusammengebrochen. Ich musste nicht nur mit ihr gemeinsame Sache machen – sie schläft bei einer Freundin, weil sie noch eine Aufgabe fertig machen will –, ich musste auch noch zwei Tage hintereinander kochen."

Nosiphe sagt: „Ich habe Nosimphiwe auch nicht verraten, wenn sie draußen ihr Ding gemacht hat. Meinen ersten Freund hatte ich mit 16. Aber das hat nicht lang gehalten. Wir sind in dieselbe Schule gegangen.

Das Kind mit meinem jetzigen Freund war nicht geplant. Er kommt finanziell für unser Kind auf, nur lebt er ziemlich weit weg, in Danoon. Es ist immer lustig, wenn Nosimphiwe mich an den Tag erinnert, an dem wir uns kennengelernt haben. ‚Du bist noch Tage später rot geworden', sagt sie immer.

Ich bin froh, dass er genau an dem Tag seine Familie hier in Masiphumelele besucht hat – ich meine meinen Freund. Seine Cousine, eine Freundin von uns, hat das für mich arrangiert. Wir wussten ja nicht, auf wen er stehen würde. Als wir reingekommen sind, haben wir uns gegenseitig in die Rippen gestoßen und überlegt, an welche von uns er wohl denken würde, wenn wir wieder weg waren. An dem Tag hat er nichts Besonderes zu mir gesagt. Wir haben uns bloß kurz vorgestellt.

Als wir dann später mit Nomaphelo, einer unserer älteren Schwestern, auf Sonntagstour waren, klingelte bald mein

Telefon. Er hatte meine Nummer von seiner Cousine ... Ich weiß nicht mehr, was er an dem Tag am Telefon gesagt hat. Ich weiß nur noch, dass ich gedacht habe: ‚Ich will dich so sehr. Ich muss dich unbedingt haben.'

Zwei Wochen darauf habe ich ihn bei sich zu Hause in Danoon besucht. Mein nächster Besuch wäre erst einen Monat später gewesen. Viel zu lang hin! Damals bin ich schwanger geworden.

Als ich ihm erzählt habe, dass ich schwanger bin, hat er die Schule geschmissen. Er arbeitet jetzt bei Checkers. Er kümmert sich um mich und das Baby. Unsere Träume sind vorerst nur aufgeschoben, nicht etwa komplett abgeschrieben durch unsere Kinder. Und wir haben gute Freundinnen, die uns unterstützen.

Manchmal bin ich mir nicht so sicher, ob wir und unsere Freundinnen die richtigen Entscheidungen fällen – zum Beispiel bei den Wahlen. Wir sind etwa fünf, und keine von uns hat gewählt. Wir haben beschlossen, nicht zu wählen, weil wir dachten, es kommt ja eh nicht drauf an. Und wir haben nicht gewusst, wen wir wählen sollten. Ja, es hat geheißen, dass jede Stimme zählt. Es war der Gruppendruck. Wir haben gedacht, was denken denn die Leute von uns, wenn wir in diesen langen Schlangen stehen? Erst später habe ich dann gemerkt, was das für ein Blödsinn war. Bei den nächsten Wahlen sind wir dabei.

In der Schule hatte ich Wirtschaftskunde. Das finde ich toll. Ich hab mir schon immer gewünscht, mal ein großes Geschäft zu haben. Und das wird eines Tages passieren. Wenn ich wirklich bereit bin, ganz von vorn anzufangen, bleibt mein Sohn bei der Mutter meines Freundes. Ich weiß jetzt schon, dass ich ihn sehr vermissen werde. Aber was ich dann tun werde, tue ich auch für ihn. Immer wenn ich an seine Mutter denke, denke ich an meine Mutter. Nosimphiwe will es nicht wahrhaben, aber ich weiß, dass sie stärker ist und eher über den Tod unserer Mutter sprechen kann."

Nosimphiwe nimmt all ihren Mut zusammen und erzählt die Geschichte.

„Das Schlimmste, was wir je erlebt haben, ist der Verlust unserer Mutter. Sie ist 2010 gestorben. Es hat sich angefühlt, als hätte man mir mein Innerstes herausgerissen. Unser Bruder war im Jahr davor gestorben.

Mama war sehr lange krank. Nach Monaten im Krankenhaus ist sie wieder nach Hause gekommen. Uns hat man gesagt, es gehe ihr besser, aber irgendwas war merkwürdig bei ihrer Entlassung – dass es unserer Mutter besser ginge, entpuppte sich als falsche Hoffnung. Eine Woche später ist sie zu Hause gestorben. Sie hatte zu hohen Blutdruck und immer wieder epileptische Anfälle.

Unsere ältere Schwester hat unsere Mutter vor ihrem Tod gepflegt. Auf der Arbeit hat man ihr dafür flexible Arbeitszeit zugestanden.

Unser Bruder hatte auch solche Anfälle, aber nicht von Geburt an. Er ist irgendwann in einer Kneipe in eine Schlägerei geraten. Ein Typ hat ihm mit der Axt auf den Kopf geschlagen, als er von der Toilette kam. Er ist blutend nach Hause gekommen, aber gleich in sein Zimmer im Hof verschwunden und hat niemandem was gesagt. Unser älterer Bruder ist in sein Zimmer gegangen und hat das Blut gesehen. Unser Vater hat den Notarzt gerufen. Als er aus dem Krankenhaus kam, hatte er auch diese Sache – *yokuxhuzula* –, epileptische Anfälle.

Unser Bruder war ein sehr stiller Mensch. Er hat nie was gesagt, wenn er krank war, sondern ist in seinem Zimmer geblieben. Als wir gerade zu Besuch beim Bruder unserer Mutter in Capricorn waren, kam der Anruf, dass unser Bruder gestorben sei. Zu Hause hat man uns dann erzählt, er hätte sich versteckt, er hätte allein sein wollen, als es ihm nicht gut ging. Damals mussten wir als Familie ganz stark sein. Und wir haben es durchgestanden. Es war nicht leicht, das ist es immer noch nicht.

Ich will auch wieder zurück auf die Schule. Aber ich habe nicht dasselbe Glück wie Nosiphe. Mein Kind kommt in die Krippe. Ich weiß noch nicht, was ich nach dem Abi machen will. Aber es wird was Großes sein. Ich will meiner Familie beweisen, dass ich etwas erreichen kann.

Nosiphe und ich wollen auch die Dinge tun, die junge Leute eben so machen. Spaß haben. Und glücklich sein. Ich wünsche mir ein glückliches Leben mit meiner Schwester und der Familie."

Nosiphe sagt: „Ich bin wirklich gern bei meiner Familie. Wir haben ein enges Verhältnis. Aber wir stehen auch täglich vor neuen Herausforderungen. Zum Beispiel ist eine unserer älteren Schwestern drogenabhängig. Sie war mal fünf Jahre lang clean. Aber dann ist sie rückfällig geworden. In der Zeit, als sie clean war, hat sie sich wieder um ihre drei Kinder gekümmert.

Sie verkauft alles im Haus, von dem sie denkt, dass sie es zu Geld machen kann. Die ganze Familie ist ihretwegen in Sorge. Es ist nicht leicht, ständig ein Auge auf die eigene Schwester haben zu müssen, weil sie im eigenen Haus was klauen könnte.

Zum Glück hat mir noch niemand Drogen angeboten.

Meine Zwillingsschwester und ich, wir haben beide Fehler gemacht. Wir haben beide sehr früh Kinder bekommen. Aber wir werden uns trotzdem alle Mühe geben, so gute Menschen zu sein wie möglich. Trotz der Fehler, die wir gemacht haben, lassen wir uns nicht unterkriegen. Manche Leute setzen Kinder in die Welt und werfen sie dann einfach weg. Ich bin froh, dass ich während meiner Schwangerschaft nie auf solche Gedanken gekommen bin. Dass ich ein Kind habe, ist jetzt mein ganzes Glück."

Zusammenspannen

MELANIE VERWOERD

2002, als ich in Dublin, Irland, an der Botschaft arbeitete, wurde ich vom südafrikanischen Buskaid-Soweto-String-Ensemble zu einem Konzert nach Galway eingeladen. Ich wusste nur wenig über die Gruppe, bloß, dass es sich um ein junges Streichorchester aus Diepsloot, einem dicht besiedelten Township im Norden Johannesburgs, handelte. Außerdem war ich darüber informiert, dass die meisten Kinder aus wirklich armen Verhältnissen stammten und viele in Wellblechhäusern lebten.

Da ich wusste, wie schwierig es ist, ein Streichinstrument zu beherrschen, und über Jahre hinweg am eigenen Leib erfahren hatte, wie sich meine Tochter vergeblich bemühte, das Geige-spielen zu erlernen, nahm ich pflichtbewusst und einigermaßen unerschrocken an der Veranstaltung teil.

Ich saß in der kalten Kathedrale von Galway, während eine große Anzahl Kinder aller Altersstufen äußerst diszipliniert und gesittet die Bühne betrat. In schwarzen Hosen und T-Shirts standen sie mit gesenkten Instrumenten da. Die Dirigentin, Rosemary Nalden, ehemalige Bratschistin der Londoner Philharmoniker, kam auf die Bühne und verbeugte sich. Als sie sich umdrehte und die Kinder, den Blick fest auf sie geheftet, gleichzeitig ihre Bogen erhoben, machte ich mich auf einiges gefasst. Und dann passierte es. Die Kathedrale füllte sich mit den himm-

143

lischen Klängen Mozarts, beinahe fehlerfrei gespielt. Fassungslos beobachtete ich das Geschehen. Ich wusste sehr wohl, dass die allerwenigsten dieser jungen Menschen, wenn überhaupt jemand unter ihnen, mit irgendeiner Form von klassischer Musik aufgewachsen waren, und ich hatte Bilder gesehen, wie sie vor ihren Behausungen auf leeren Ölfässern sitzen und üben, während neben ihnen das Abwasser vorbeifließt – all das ließ es mehr als unwahrscheinlich erscheinen, dass sie jemals ein solches Niveau erreichen würden. Am Ende der Veranstaltung war kein Auge mehr trocken.

Zwei Jahre später lud ich Buskaid anlässlich der Feierlichkeiten zum zehnjährigen Bestehen der südafrikanischen Botschaft in Irland zu einem Auftritt ein. Diesmal spielten sie in der brechend vollen Nationalen Konzerthalle von Dublin. Nach ihrem üblichen Klassikprogramm verließ Rosemary die Bühne, und die Kinder spielten ein paar wunderschöne afrikanische Stücke, was die Südafrikaner im Publikum dazu animierte, in den Gängen zu tanzen. Zum Abschluss spielten sie einen irischen Jig, und ein paar der Kinder schnappten sich Leute aus dem Publikum und tanzten mit ihnen auf der Bühne.

Elf Jahre später nehme ich wieder Kontakt zu Rosemary auf. Sie ist etwas älter geworden, hat jedoch nichts von ihrem Elan eingebüßt und ist begeistert von der Idee, ein paar ihrer Schüler zu interviewen. Und so treffe ich an einem heißen Morgen in Johannesburg die Brüder Kgotso und Kgothatso Ramong, beide Mitglieder des Orchesters. Obwohl sie Zwillinge sind, hält man sie äußerlich kaum einmal für Brüder. Sie sehen sich überhaupt nicht ähnlich. Doch sobald sie zu sprechen beginnen, macht sich die tiefe Verbindung zwischen ihnen bemerkbar. Zwar ist es Kgotso, der die Rolle des Sprechers übernimmt, doch beenden sie einander ständig die Sätze oder sagen synchron dasselbe.

144

Sie scheinen etwas nervös. Um das Gespräch in Gang zu bringen, frage ich also erst einmal, wer von ihnen der Ältere ist.

„Das bin ich", sagt Kgotso, „aber Kgothatso ist der Erstgeborene."

Ich bin verwirrt.

„Das ist in bei uns in der Tswana-Kultur so", erklärt Kgothatso.

„Ja, in unserer Kultur", sagt Kgotso.

„Der später Geborene ...", sagt Kgothatso.

„... gilt als der Ältere", vollendet Kgotso den Satz.

Sie lachen über mein verwirrtes Gesicht. „Das ist die Kultur", sagt Kgothatso noch einmal.

„Ja, die Kultur", wiederholt Kgotso.

Die Zwillinge wurden am 8. Oktober 1994 geboren und wuchsen in Diepsloot, Johannesburg, auf.

„Am Anfang haben wir alle zusammengewohnt", sagt Kgotso. „Meine Oma, die Urgroßmutter, Mutter und Vater."

Ihr Vater Joseph war Aufseher in einer großen Plakatfabrik, ihre Mutter war Kellnerin. Ihre Großmutter arbeitete als Modedesignerin. Was bedeutete, dass die Familie recht wohlhabend war.

„Wir waren abgesichert und hatten ein richtiges Haus", sagt Kgothatso.

Aber zwischen ihren Eltern lief es nicht besonders gut. Das Paar war ausgezogen, um etwas Zeit für sich allein zu haben und seine Ehe zu kitten. Unter der Woche blieben die Jungs bei Groß- und Urgroßmutter und besuchten am Wochenende ihre Eltern.

„Es wurde viel gestritten", sagte Kgotso.

„Sie haben ständig gestritten", bestätigt Kgothatso.

Beide sagen, sie seien sehr glücklich bei der Großmutter Matlakana gewesen. „Sie war so liebevoll", sagt Kgotso, und Kgothatso nickt heftig. „Wir konnten es kaum erwarten, dass sie von der

Arbeit kam. Wenn wir draußen auf der Straße gespielt haben, haben wir immer nach ihr Ausschau gehalten. Sobald wir sie an der Ecke erspäht haben, sind wir auf sie zugerannt, um sie zu begrüßen und ihr beim Tragen der Einkäufe zu helfen. Sie war ein ganz besonderer Mensch."

Kgothatso schaut traurig zu Kgotso, der bloß den Kopf schüttelt. „Ja, wenn wir aus der Schule kamen, hat sie sich zu uns gesetzt und nach unserem Tag und der Schule gefragt."

Die Schulzeit der Zwillinge begann 2000 in Crown Reef. „Wir hätten eigentlich erst auf die Vorschule gehen sollen, aber am ersten Tag wusste ich nicht, wohin, und irgendjemand hat gedacht, wir wären Erstklässler, ich habe ‚okay' gesagt, und so sind wir also direkt in der ersten Klasse gelandet." Kgotso lacht. Die Zwillinge haben die Schulzeit genossen, vor allem auch die spezielle Aufmerksamkeit, die ihnen als Zwillingen entgegengebracht wurde. „Manchmal bekamen wir besondere Beachtung, und das war schön", sagt Kgotso.

Ein Jahr später ließen sich ihre Eltern jedoch endgültig scheiden, und zu dem Zeitpunkt brach die Mutter den Kontakt zu den Jungen ab. „Sie war einfach weg", sagt Kgothatso. „Wahrscheinlich ist sie wieder bei ihrer Mutter eingezogen, jedenfalls haben wir sie dann sehr lange nicht mehr gesehen."

Eindeutig eine schwierige Situation für die Jungs, etwas, das sie kaum nachvollziehen konnten. Trost fanden sie bei der geliebten Großmutter. „Unseren Vater haben wir noch gesehen. Er lebte zu der Zeit in Dobsonville, aber unsere Mutter bekamen wir nicht zu Gesicht", sagt Kgotso.

Zwei Jahre später dann die Tragödie: Die Großmutter starb unerwartet an Krebs. Es war ein gewaltiger Schock für die Jungs. Sie befanden sich jetzt in der Obhut der Urgroßmutter, die bereits weit in den Achtzigern war.

Besorgt zog Vater Joseph wieder ein, um sich mit um seine

Söhne zu kümmern. In dieser düsteren Zeit trat Buskaid in ihr Leben.

Eines Sonntags nach der Sonntagsschule begegneten die Jungs Rosemary, die von einem Treffen in Diepsloot zurückkehrte. Sie fragte sie, ob sie Lust hätten, ein Instrument zu spielen, und die Jungs waren gleich Feuer und Flamme. Als Achtjährige wussten sie weder, was eine Geige war, noch hatten sie jemals Notenlesen gelernt. Und doch zeigten beide unmittelbares Talent. Kgotso spielte Geige, und Kgothatso fing mit dem Cello an. „Er war das größte von uns Kindern!", lacht Kgotso.

„Und wie war das für euch, diese Instrumente zu spielen?", frage ich.

„Es war herrlich", sagt Kgotso. „Wenn du im Township ein Musikinstrument hast, das ist wie: Wow, der hat ein Instrument! Als wir die Instrumente das erste Mal mit nach Hause brachten, wollte die Uroma sie unbedingt sehen. Sie wollte, dass wir ihr was vorspielen. Egal, wie schlimm es klang. Sie hörte es liebend gern."

„Es war auch anstrengend", fügt Kgothatso hinzu. „Wir mussten drei- bis viermal die Woche zum Unterricht, Gruppenunterricht und später dann Orchester. Und wir mussten viel üben."

„Ja, und ich bin ein bisschen faul." Kgotso lacht.

Auch das normale Schülerdasein der Jungs ging weiter. Sie besuchten die Langlaagte Technical Secondary School und machten 2012 ihr Abitur. Als sie sich in ihrem Abschlussjahr mit Buskaid auf einer Überseetournee befanden, verstarb ihre Urgroßmutter im Alter von 92 Jahren.

Beide scheint die Erinnerung daran sehr traurig zu machen, und keiner will darüber sprechen. Als die Rede auf die Überseereisen mit dem Orchester kommt, steht ihnen ein breites Lächeln im Gesicht.

„Ja!", rufen sie im Chor. „Das ist was ganz Tolles."

Stolz zählen sie ihre Reisen auf: Kolumbien, Paris, La Réunion, England. Obwohl sie beide ganz vernarrt in Paris sind, sticht ihre jüngste Reise, die Reise nach England, klar hervor. Lebhaft berichten sie von einem Stück, das der berühmte walisische Komponist Karl Jenkins extra für Buskaid komponiert und bei der Uraufführung in der Queen Elizabeth Hall selbst dirigiert hat. Ganz offensichtlich haben diese Reisen einen tiefen Eindruck bei den Brüdern hinterlassen. Kgothatso zählt die fabelhaften Sehenswürdigkeiten auf, die sie besichtigt haben, Kgotso hingegen haben die Leute und die verschiedenen Kulturen am meisten beeindruckt. „Dass wir das alles erleben durften ... Das werde ich niemals vergessen."

Mich interessiert, wie die Leute in Diepsloot reagieren, wenn sie von ihren Reisen erzählen. Kgothatso berichtet, die meisten seien eifersüchtig und würden fragen, ob er sie nicht im Koffer mitnehmen könnte.

„Darum sprech ich nicht gern darüber. Die Leute werden sofort neidisch", wirft Kgotso ein. „Deshalb bleib ich meistens still, es sei denn, jemand will es wirklich wissen", sagt er, leicht genervt. „Oft verstehen die Leute nicht, warum wir Geige spielen. In den Townships wollen die Leute ab einem gewissen Alter immer nur Fußball spielen oder einfach abhängen. Aber wir müssen üben. Also fragen sie: ‚Macht euch das wirklich Spaß?' Und sind überrascht, wenn wir antworten: ‚Ja klar, wir lieben eben die Musik, sie ist inzwischen fast so was wie unsere zweite Familie.' Deshalb will ich unbedingt weiter mitspielen bei Buskaid."

Beide Jungen haben nach der Schule eine Ausbildung angehängt. Kgotso hat gerade einen Kurs in Informationstechnik absolviert, und Kgothatso macht momentan seinen Abschluss in Bauzeichnen. Er möchte auch in Zukunft musizieren, aber Musik wird für ihn Leidenschaft und Hobby bleiben. Er will Architekt werden.

Bei Kgotso ist es andersrum. „Ich mag IT, aber das werde ich in Zukunft als Hobby betreiben. Meine erste Liebe ist die Musik. Ich weiß inzwischen, dass ich Zeit verschwendet habe und wirklich weiter in Orchestern spielen will." Ich frage ihn, ob er dafür gut genug ist. Kgothatso lacht und antwortet an seiner Stelle: „Noch nicht! Aber das wird er schon noch werden."

Beide sind unverkennbar ehrgeizig. „Ich wünsche mir ein großes Haus, ein riesiges Haus, um genau zu sein. Damit jedes Familienmitglied über sein eigenes Zimmer verfügt – meine Tante, mein Onkel, meine Cousins und Cousinen. Und wenn mein Vater kommen will, dann bekommt er natürlich auch sein Zimmer, und an der Tür wird ‚Papa' stehen."

„Ja, ja!", stimmt Kgothatso zu.

„Und was ist mit deinem Zwillingsbruder?", frage ich. „Bleibt der bei dir, oder kriegt er sein eigenes Zimmer?"

Sie lachen laut. „Nein, er ist derjenige, der das Haus entwirft", sagt Kgotso. „Er kennt mich sowieso am besten!"

„Aber du kriegst keinen Rabatt, bloß, weil du mein Bruder bist!", unterbricht ihn Kgothatso, und sie kugeln sich vor Lachen.

Als ich nach ihren künftigen Ehefrauen frage, reagiert Kgotso ein bisschen ausweichend. „Dazu kann ich nicht viel sagen. Jetzt noch nicht, aber irgendwann ist die Zeit sicher dafür reif." Was Kinder angeht, steht die Sache für ihn hingegen fest. „Zwei! Ich hätte gern zwei!"

Wie sein Bruder träumt Kgothatso von einem Haus mit Raum für die ganze Familie und mit einem Basketballplatz. Er liebt diesen Sport. „Mein großer Traum ist allerdings eine eigene Firma. Ich möchte ein Architekturbüro haben und erfolgreich sein", sagt er bestimmt.

Ich frage mich, wo ihre Mutter bei alldem bleibt. Ich tippe das Thema an, merke aber, dass es ein empfindlicher Punkt für sie ist. Kgothatso sagt, sie hätten sie erstmals 2012 wiedergesehen, nach beinahe zehn Jahren. „Wir haben sie bloß aufgesucht, um mit ihr zu reden. Wir wollten ein paar Dinge aus der Welt schaffen, aber es hat nicht geklappt." Ein Schatten durchzieht Kgotsos Gesicht, als er fortfährt. „Ich wollte gar keine Erklärung für ihren Weggang. Ich wollte bloß die Liebe meiner Mutter. Aber es ist nicht so gelaufen. Also habe ich es dabei bewenden lassen und nur gedacht, manches muss man im Leben eben hinnehmen. Ich kann niemanden dazu zwingen, mich zu lieben."

Kgothatso seufzt tief. „Ja, das war sehr schwierig."

Die Zwillinge wollten auch ihre anderen Geschwister treffen. 2010 hatten sie erfahren, dass ihre Mutter noch zwei weitere Kinder bekommen hat.

„Als wir dort waren, haben wir sie kennengelernt. Aber sie sind noch sehr klein. Wir kennen sie gar nicht richtig", berichtet Kgotso.

„Wie habt ihr denn diese ganze schwierige Zeit überstanden?", frage ich.

Beide denken einen Moment lang nach, dann sagt Kgotso. „Es gab viele schwierige Zeiten, aber ich glaube, dass alles im Leben seinen Sinn hat. Und irgendwie hat es auch die Verbindung zwischen uns gestärkt. Wir erleben und erfahren die meisten Dinge gemeinsam. Das hilft."

Da ihre Mutter, eine Xhosa, fort war, sind die Zwillinge nach den Tswana-Gebräuchen ihres Vaters und seiner Familie erzogen worden. Sie halten ihre Kultur in Ehren, obwohl sie betonen, Teil einer modernen und verwestlichten Generation zu sein.

„Das ist wichtig, du musst nämlich wissen, wo du herkommst. Das eigene Erbe muss dir klar sein", sagt Kgotso.

„Obwohl es bei unseren Freunden keine Rolle spielt. Da schert sich niemand um Kultur oder Sprache. Wir sprechen alle einfach Tsotsi, wenn wir miteinander abhängen."

„Aber ich mag die verschiedenen Sprachen", unterbricht Kgothatso.

Ihr musikalisches Talent hilft ihnen eindeutig beim Sprachenlernen. Neben Tsotsi sprechen sie fünf verschiedene Sprachen. Im Wechsel zählen sie sie auf: Zulu, Tswana, Englisch, Sotho und Pedi. „Als wir in Kolumbien waren, haben wir sogar ein bisschen Spanisch gelernt, um uns mit den Leuten unterhalten zu können. Ich will mich darin noch verbessern und außerdem noch Venda lernen", sagt Kgotso.

„Wie sieht es mit Afrikaans aus?", frage ich.

Beide lachen sich schier kaputt und belassen es dabei.

Die Zwillinge wohnen immer noch zu Hause bei ihrem Vater Joseph. Sie kochen abwechselnd und behaupten, wirklich gut darin zu sein.

„Ich kann alles kochen", gibt Kgotso an. „Bloß halt nichts Aufwendiges wie Lasagne." Neben der Tatsache, dass er ihre Studiengebühren bezahlt und finanziell für ihren Unterhalt aufkommt, wird klar, dass Joseph auch sonst eine wichtige Rolle in ihrem Leben spielt. Obwohl sie bald 21 sind, gehen sie selten aus.

„Unser Vater ist ziemlich streng. Wir dürfen nicht oft Party machen oder ausgehen. Wir hören auf ihn. Das müssen wir", sagt Kgotso. Außerdem erklären sie, sie interessierten sich nicht sehr für Politik, weil ihr Vater der Ansicht ist, es sei eine schmutzige Angelegenheit.

Was die Zukunft Südafrikas angeht, sind sie jedoch beide sehr entschieden. Beide sind sie der Meinung, es gebe keine Führung im Land, und mit der Wirtschaft werde es sehr schnell bergab gehen. Sie sorgen sich enorm um ihre Karriereaussichten. Ich frage sie, ob sie sich vorstellen könnten, auszuwandern, falls sich die Gelegenheit dazu böte.

„Aber natürlich!", sagen sie einstimmig. „In England habe

ich gesehen, was für Möglichkeiten es gibt. Viel bessere als hier", sagt Kgothatso.

Kgotso pflichtet ihm bei. Er würde gern im Ausland leben und den starken Wechselkurs nutzen, um seine Familie in Südafrika zu unterstützen.

„Würdet ihr euch nicht einsam fühlen?", frage ich.

„Dann kämen wir zurück", sagt Kgotso.

Die Zwillinge haben am nächsten Morgen einen Auftritt mit Buskaid und müssen noch proben. Beim Abschied sieht Kgotso mich an und sagt: „Weißt du, was ich am meisten genieße? Wenn das Publikum uns Standing Ovations gibt. Dann habe ich das Gefühl: Ja, das ist es! Jetzt geht's wirklich langsam bergauf in meinem Leben."

Kgothatso nickt: „Ja, dann wissen wir, dass wir es schaffen werden."

PHUMELELO NDLOVU

Meine Liebe gehört der Musik

SONWABISO NGCOWA

Das Gespräch mit Phumelelo führe ich im Dezember 2014. Als ich ihm ein Kompliment für seine sprachliche Gewandtheit mache und sage, dass er mit seiner Stimme sicherlich gut im Radio rüberkäme, müssen wir beide erstmal lachen. Wir treffen uns im Haus von Rosemary Nalden in Parktown. Rosemary hat das Buskaid-Soweto-String-Ensemble gegründet, dessen Mitglied Phumelelo ist.

Als Erstes befrage ich ihn nach seinem geheimnisumwitterten Vater.

„Ich saß auf unserem Sofa zu Hause in Soweto auf dem Schoß meines Vaters. Jenes Mannes, den ich bewunderte. Mein Held. An die Geräusche von vorbeibrausenden Autos, Hupen, quietschenden Reifen, bellenden Hunden, auf der Straße herumschreienden Männern und Frauen war ich gewöhnt. Tag für Tag freute ich mich auf die Stimme meines Vaters. Er erzählte mir viele Geschichten.

Aber manchmal erzählte er die Geschichten, die er angefangen hatte, nicht zu Ende. Dann verließ er fluchtartig das Haus, vor allem, wenn vorher sein Telefon geklingelt hatte. Oder wenn draußen quietschend ein Auto anhielt. Ein Hupen – dreimal –, und schon war Papa weg, mitten in der Geschichte, die er gerade erzählte. Mama sagte er immer, er kommt zurück. Aber ich habe nie gehört, dass er Mama jemals mitgeteilt hätte, wo genau er hinging. Mama schien es zu wissen. Sie hat jedes Mal genickt, obwohl nie ganz überzeugend, wenn Papa durch die Tür rannte.

Ich bin am 9. August 1994 geboren und in Soweto aufgewachsen. Wir waren drei Geschwister: ich, mein älterer Bruder und meine jüngere Schwester. Meine Mutter ist Xhosa und mein Vater Zulu. Meine Mutter kommt aus Alice in Mavuso. Ich habe außerdem herausgefunden, dass es väterlicherseits noch eine ältere Schwester gibt. Im Grunde habe ich also drei Geschwister.

Papa ist von zu Hause in Kwazulu Natal weggelaufen und nach Johannesburg gekommen. Er hat hier ein neues Leben angefangen. Sein älterer Bruder lebte damals schon in Soweto, deshalb hat er relativ leicht Fuß fassen und mich und meine Mutter durchfüttern können.

Einmal kehrte mein Vater eine sehr, sehr lange Weile nicht mehr zurück. Da saß er im Gefängnis. Zu Hause wären wir beinahe verhungert. Manchmal verbrachte er bis zu neun Monate im Gefängnis, kam kurz nach Hause und wanderte dann wieder in den Knast. Ich habe herausgefunden, wie Papa uns vor dem Verhungern bewahrt hat, wie unser Essen auf den Tisch kam. Jedes Mal, wenn er aus dem Haus lief, hat Papa Autos gestohlen. Oder einen bewaffneten Raubüberfall gemacht. Am Ende ist er eingesperrt worden. Und die Familie hat noch mehr gehungert.

‚Wenn du so weitermachst, wirst du deinen Sohn niemals richtig aufwachsen sehen‘, hat meine Mutter meinen Vater einmal angeschrien. Ich spielte gerade vor dem Schlafzimmerfenster meiner Eltern Auto.

Papa wollte wirklich Schluss machen mit diesem Leben, das nur aus Waffen, Tarnmützen und schwarzen Handschuhen bestand. Und bald war das auch der Fall. Er fing ein ehrliches Leben an. Er wurde Klempner und Zimmermann.

So haben wir vor uns hin gelebt. Das war okay. Ich kann mich nicht groß beschweren. Mein Leben damals war toll. Im Vergleich zu anderen Menschen, die ich wirklich habe leiden gesehen, kann ich nicht behaupten, ich hätte gelitten. Ich bin halt einfach in einem Township aufgewachsen – in Diepkloof, Soweto.

Die Vorschule habe ich in Soweto besucht. Dort gingen Schwarze und Farbige hin. Auf der Park-Junior-Schule waren wir 30 Schüler pro Klasse. Von der vierten bis zur siebten Klasse nennt sich die Schule Park Senior. Mit dem Schulfahrdienst brauchte ich eine halbe Stunde bis zur Schule. Ein Minibustaxi holte mich vor der Haustür ab. Papa achtete darauf, dass alles lief wie am Schnürchen.

Nach meiner Geburt war Mama lange arbeitslos. Erst 2001 hat sie wieder eine Anstellung gefunden. Ich war gerade in der ersten Klasse. Sie hat nie eine feste Stelle bei einem bestimmten Arbeitgeber gehabt. Sie hat in Fabriken gearbeitet. Das Wort ‚betriebsbedingte Kündigung' habe ich von meiner Mutter gelernt. So oft hat sie es gesagt. So oft hat sie es erlebt.

Als Mama einen Job hatte, hat sie sich mit Papa zusammengesetzt, um herauszutüfteln, welches Schullager sie sich leisten konnten. Als sie anfingen, für ein bestimmtes Lager zu sparen, haben sie mich dann eingeweiht.

Auf der Grundschule hatte ich überwiegend weiße Lehrer. Ich erinnere mich noch an meinen besten Freund in der dritten Klasse. Erst nach der zehnten, als er von Johannesburg weggezogen ist, haben wir uns aus den Augen verloren. Er war mein dickster Freund. Er war farbig. Und in der siebten Klasse habe ich mich mit einem weißen Typen angefreundet. Das hat uns beide irgendwie zu Exoten gemacht. Eine weiße Freundin hatte ich allerdings nicht. Ich erinnere mich nicht daran, dass es irgendwo ein schwarz-weißes Paar gegeben hätte. Allenfalls ging mal jemand Schwarzes mit jemand Farbigem aus, aber das war es dann auch schon.

Papa ist ein paarmal zu meinen Fußballspielen an der Schule gekommen. Er hat ziemlich viel rumgewitzelt. Nach jedem Spiel hat er gesagt, er hätte mich mit hängender Zunge auf dem Platz sitzen sehen. Vollkommen fix und fertig! Papa wusste nicht, dass er mich damit entmutigt.

Meine Eltern haben mich nie zu was anderem ermutigt als dazu, auf der Schule zu bleiben. Für sie war es das Wichtigste, dass zu Hause was zu essen auf dem Tisch steht. Etwas anderes als die Schule wäre ihnen nie in den Sinn gekommen. Immer wenn ich gesagt habe, ich will mal dies oder das ausprobieren, hat mein Vater seine Witze darüber gerissen. Ich habe mir vorgenommen, nach der Schule Informatiker zu werden, mein eigenes Geld zu verdienen, eine eigene Wohnung zu haben – die einzige Art von Leben, die in den Augen meiner Eltern etwas galt.

Auf der Kenilworth Senior Highschool habe ich die achte und neunte Klasse absolviert. Dort sind die meisten meiner Freunde aus der vorigen Schule hingegangen, und dort habe ich auch Leute aus anderen Teilen Afrikas kennengelernt.

Damals war ich 13. Gugu war 19 Jahre alt und stand kurz vor dem Abitur. Ihre Lippen und ihr mondförmiges Gesicht waren äußerst verheißungsvoll. Ihre Stimme war unwiderstehlich. Ihr Gang hatte einen Schwung, der einen 13-Jährigen unglaublich anmachte. Sie war eine Freundin der Familie und sollte auf mich aufpassen.

Eines Nachmittags küsste mich Gugu mit ihren verheißungsvollen Lippen. Meine erste Erektion! Sie zog sich aus und legte sich vor mir hin. Sie ließ mich in sich ein. Und los ging's. Meine erste Ejakulation.

Mama kannte Gugu. Niemand ahnte etwas. Schließlich war sie eine Freundin der Familie. Gugu und ich machten es so leise, wie wir konnten, an Tagen, an denen ich allein mit ihr, unserer Nanny, zu Hause war. Das ging ungefähr zwei Jahre lang so. Nicht lang genug!

Unser Haus hat einen Anbau. Das ist Mamas Zimmer, ihr persönlicher Bereich. Sie wollte einen separaten Raum für ihre Privatsphäre.

Ich habe drei Onkel. Einer von ihnen ist verheiratet und lebt woanders. Ein Onkel lebt auf unserem Grundstück; auch er hat seinen eigenen Anbau. Mein anderer Onkel wohnt im Haus. Das Haus hat drei Zimmer – Küche, Esszimmer und Schlafzimmer. Ich schlafe im Esszimmer im Haupthaus. Dort hatte ich, seit ich 13 war, Sex mit Gugu. Die ganze Familie war bei der Arbeit oder anderswo. Gugu war häufig da. Wenn Mama von der Arbeit kam, war im Haupthaus das ganze Geschirr gespült. Alles war blitzeblank!

Ich hätte Gugu am liebsten jeden Tag gesehen. Es war immer aufregend. Wunderbare Erfahrungen! Ich glaube, jeder 13-Jährige wünscht sich, dass ihm so etwas widerfährt.

Nach Gugu hatte ich zwei Jahre lang keinen Sex mehr. Du ahnst ja nicht, wie sehr ich das vermisst habe. Die reinste Folter. Aber ich habe mich daran gewöhnt. Ich war immer noch jung. Zu der Zeit habe ich mit Fußball angefangen. Dann hat mir Papa ein Videospiel gekauft. Dadurch, dass ich schon als Teenager eine Freundin hatte und über eine Trennung hinwegkommen musste, bin ich früh erwachsen geworden.

2008 bekam unsere Familie unerwarteten Besuch. Es war der Tod, im Gewand der Tuberkulose. Er hat mir meinen Vater genommen. Damals war ich in der achten Klasse und habe überhaupt nicht verstanden, was los war.

Ich war ein betender Kirchgänger. Es hätte alles perfekt sein sollen. Aber immer wieder habe ich mich gefragt, warum hat der Tod mir Vater genommen? Mein Ein und Alles. Mein erster Gedanke am Morgen war Papa. Ich wusste, was Tod bedeutet. Aber

Papa konnte nicht für immer fort sein. Er muss zurückkommen, sagte ich mir wieder und wieder. Ich betete. Aber diesmal kehrte er nicht zurück.

Das Leben musste weitergehen.

Meinen ersten Sex nach Gugu hatte ich mit einem Mädchen – ich weiß ihren Namen nicht mehr. Damals benutzte ich ein Kondom. Wir waren nicht zusammen. Ich kannte sie. Sie wohnte in derselben Straße. Aus Spaß bin ich ihr nachgelaufen. Ich wollte sie zu mir nach Hause einladen. Hab einfach mein Glück probiert. Ich hätte niemals gedacht, dass sie mitkommen würde. Damals war ich in der Neunten. ‚Kaufst du mir was zu trinken, wenn ich mit zu dir komme?', hat sie gefragt. ‚Ja, mach ich', habe ich lächelnd geantwortet, ich wusste, dass ich noch einen Zehnrandschein in der Tasche hatte. Wow! Ich will wirklich, dass das passiert, sagte ich mir, als sie das Haus betrat. Nach dem ersten Schluck ist es dann passiert – mit diesem superheißen Mädchen! Bevor es eine echte Beziehung werden konnte, ist sie weggezogen. Wir haben den Kontakt verloren.

Danach war ich mit Deneo zusammen. Und eines Nachmittags war es dann so weit. Ich habe Deneo gefragt, ob sie mit zu mir kommt. Es war der Tag der letzten Prüfungen 2010. Wir hatten an dem Tag frei. Ich war zu Hause, und mir war langweilig. Wir saßen vor dem Fernseher und haben rumgealbert. Wir haben auf der Couch rumgelümmelt und über Gott und die Welt gelacht. So richtig gemütlich! Eins hat zum andern geführt. Die Situation war extrem aufgeheizt, das nächste Kondom viel zu weit weg, in dem Moment waren wir einfach nicht zu stoppen. Mama platzte herein und erwischte uns mittendrin! Ich konnte ihr danach tagelang nicht in die Augen sehen und hab versucht, ihr aus dem Weg zu gehen. Aber Mama wollte mit mir über Sex und Verhütung sprechen. Nach einer Weile hat sie mich am Wickel gepackt und mit mir über Sex geredet.

Neun Monate später kam meine Tochter Gomotso auf die Welt. Was für ein Segen! Der Name meiner Tochter, Gomotso, bedeutet ‚Trost'. Mama hat sie so getauft. Ihre Mutter heißt Sotho.

Es kann nicht von mir sein. Ich bin nicht der Vater, ich weiß noch, wie mir das beim ersten Anblick von Gomotso durch den Kopf ging. Aber ich dachte, ich sollte es Deneo nicht unbedingt am Tag der Niederkunft sagen.

Als Deneo und ich anfangs nur Freunde waren, war sie mit einem ziemlich hellhäutigen Typen zusammen. Das Baby kam mit heller Hautfarbe auf die Welt. Meine Mutter hat mich dann davon überzeugt, dass es mein Kind ist. Mama hat mir erklärt, auch ich sei bei meiner Geburt sehr hellhäutig gewesen. Erst Monate später hätte ich meine jetzige Hautfarbe bekommen.

Nach Gomotsos Geburt ist Deneo wieder zur Schule gegangen. Ich habe meine Tochter von dem Geld unterstützt, das ich bei Buskaid verdiene, der Musikschule in Soweto. Ich mache eine Ausbildung zum Musiklehrer. Von meinem Gehalt kann ich jeden Monat die Krippe für meine Tochter und ihre Kleidung bezahlen. Das ist auch der Grund, weshalb ich bei der letzten Wahl nicht gewählt habe. Ich habe eine Menge Zeit mit Proben und Unterrichten verbracht. Ich muss alles unter einen Hut bringen. Ich koche jeden Tag, und danach übe ich Klavier.

House Music war und ist meine Leidenschaft. In der zehnten Klasse habe ich für einen House-Produzenten namens Xilongo gesungen. Ich bin oft nach der Schule zu ihm gegangen.

In der elften Klasse bin ich sitzen geblieben. Das war mir vorher noch nie passiert. Ich habe wiederholt und bin nochmals durchgefallen. Dann bin abgegangen von der Schule. Seitdem war ich nie mehr auf einer Schule. Dass ich die elfte Klasse nicht geschafft habe, schiebe ich darauf, dass es ein ‚cooles' Jahr für mich war. Ich habe ziemlich viel herumgealbert. Eine andere Erklärung gibt es nicht. Wer rumalbert, bleibt sitzen. So ist es halt.

2011, im ersten Jahr nach meinem Schulabgang, ist eine Menge passiert. Meine Freundin hat ein Kind bekommen. Am selben Tag habe ich bei Buskaid angefangen. Ich wollte ein Instrument lernen. Unbedingt. Als ich zum zweiten Mal die elfte Klasse nicht bestanden hatte, habe ich alles auf die Musik gesetzt. Ich spiele jetzt Kontrabass bei Buskaid.

Mama hat mich angefleht, wieder zur Schule zu gehen. ‚Du musst das Abitur machen. Ohne Ausbildung bekommt man hier in Südafrika keine gute Arbeit‘, hat Mama immer wieder geklagt. Mama glaubt nicht, dass man von der Musik leben kann. Da täuscht sie sich.

Ich habe auch schon überlegt, ob ich nicht wieder zur Schule gehen soll. Ich weiß, dass es hart sein wird. Morgens Schule und danach direkt an die Gemeindeschule, um für Buskaid zu unterrichten. Und dann die Proben mit dem Orchester und danach Hausaufgaben für die Schule.

Nachdem ich eine Weile lang Gras geraucht und ein Mädchen geschwängert habe, war das Beste, was mir im Leben passieren konnte, die Begegnung mit Rosemary und Buskaid.

Dank Buskaid habe ich 2014 zum ersten Mal in einem Flugzeug gesessen. Es flog mit unserem 30-köpfigen Orchester nach London. In der WhatsApp-Statuszeile meiner Mutter stand immer irgendwas mit: Mein Sohn Phumelelo fliegt nach London. Obwohl es immer noch ihr Wunsch war, dass ich die Schule zu Ende bringe, wusste sie, meine Liebe gehört der Musik.

Wir waren im Juli in London. Die beste Reisezeit für Südafrikaner, die nicht an die Londoner Kälte gewöhnt sind. Alles war bezahlt. Es war fantastisch – wir mussten nichts weiter tun als uns in die Musikschule begeben und proben.

Ich habe realisiert, wie man in der Welt herumkommen kann, wenn man gut in etwas ist und etwas tut, das man gern macht. Und was für ein einzigartiges Privileg das für mich ist.

Nach der Londonreise sorgt Mama nun dafür, dass ich jeden Tag zur Musikschule gehe. Rosemary hat mit Buskaid etwas ganz Tolles geschaffen. Das rechne ihr extrem hoch an."

„Es ist eindeutig besser, in einer demokratischen Welt aufzuwachsen, jetzt kann ich nämlich auf eine weiße Schule gehen. Ich kann in die Eastgate Mall gehen, solche Einkaufszentren, in die alle Weißen gehen. Wir können reisen. In Südafrika können wir gehen, wohin wir wollen. Weil wir es können." Ich frage Phumelelo, was er in seiner Situation vom neu geplanten Gesetz des Ministeriums für Wohnungsbau hält, das besagt, dass ehemals benachteiligte Personen unter 40 sich nicht mehr für Gratiswohnungen in Südafrika bewerben können.

„Ich halte das für ein gutes Gesetz. Aber hoffentlich betrifft es mich nicht irgendwann selbst. Wir müssen arbeiten. Anders geht es nicht. Wir müssen uns aufraffen und die Dinge anpacken. Die meisten Jugendlichen machen ihren Schulabschluss und gehen auf Arbeitssuche. Und sobald sie erfahren, dass sie als Berufseinsteiger rund 6.000 Rand verdienen, lassen sie die Finger davon. Sie erwarten einen Anfangslohn von 10.000 oder 20.000 Rand. Man fängt halt immer erst unten an. Dann kommen allerdings Leute aus anderen afrikanischen Ländern und nehmen den Job. Und als Nächstes erfährst du, der verdient 20.000 Rand. Wir hier in Südafrika sind faul. Sehr faul! Und nicht viele Leute in Südafrika sind gut ausgebildet. Wir erwarten, dass uns die Dinge in den Schoß fallen. Oder dass die Leute von der Regierung zu uns nach Hause kommen und nachschauen, ob wir Arbeit brauchen und so weiter. Und die Leute von außerhalb, die kommen hierher, wissen, was sie wollen, und legen sich dafür ins Zeug. Und sie kriegen es. Deshalb bekommen sie auch die Jobs. Den Südafrikanern ist eine Menge versprochen worden. Und sie warten immer noch darauf. Darum lehnen sie sich zurück."

NOLUVUYO MGONGO

Ich bin keine Tropenfrucht

SONWABISO NGCOWA

Noluvuyo hatte mich gebeten, unser Treffen in die Pause zwischen ihrem Vormittagsjob im Olympia-Café und dem Abendjob im Kalk Bay Theatre zu legen.

Noluvuyo ist groß. Elegant schreitet sie an meiner Seite die Hauptstraße von Kalk Bay entlang. Wir machen ein ruhiges Restaurant ausfindig und setzen uns hinaus. Der Verkehr schlängelt sich stockend Richtung Muizenberg. Sie sitzt mir gegenüber. Ihre Haare sind naturbelassen. Ihr Gesicht strahlt eine innere Fröhlichkeit aus, was es umso leichter macht, ihr zuzuhören.

„Als meine Mutter mit mir schwanger war, hat sie meistens unter dem Bett geschlafen oder sich dort ausgeruht – ja, unterm Bett –, dort hat sie sich am wohlsten gefühlt.

Meine Mutter hat damals in Pinelands gearbeitet. Ihre Arbeitgeber sind fast so etwas wie Familie für mich. Ich wurde ihnen praktisch in die Wiege gelegt.

Im selben Jahr kam ein weiteres Baby zur Welt, Jaime, die Tochter der Arbeitgeberin meiner Mutter. Ich habe gern mit Jaimes Haaren gespielt. Sie hat ausgesehen wie eine Puppe. Ich habe ihr Haar gebürstet. Später, als wir dann in Khayelitsha wohnten, habe ich mich jedes Wochenende auf ein Wiedersehen mit Jaime gefreut.

Meine Brüder waren froh über das kleine Mädchen in der Familie. Ich habe zwei Brüder, Msimelelo und Ntsikelelo Mgongo. Ich liebe meine Brüder.

Ich bin Noluvuyo Chwayita Mgongo – zwei wunderschöne Namen, die genau dasselbe bedeuten. Ich kam am 23. Juni 1994 im Mowbray-Krankenhaus auf die Welt. Es war ein sehr kalter Tag. Meine Mutter wusste lange nichts von ihrer Schwangerschaft. Ihr war schlecht, deshalb ist sie ins Krankenhaus gegangen. Dort haben sie ihr gesagt, dass sie im fünften Monat schwanger ist. Meine Mutter und mein Vater hatten nicht mit einem Kind gerechnet. Aber da war ich, kleine Schönheit, schon fünf Monate lang unbemerkt in diesem Bauch.

Als sie mit mir schwanger war, hat meine Mutter zum ersten Mal in Khayelitsha gewählt. Zum Glück brauchte sie nicht Schlange zu stehen. Nach meiner Geburt musste sie arbeiten.

Ich war sechs, als ich meinen Vater das letzte Mal sah. Das war, als meine Eltern sich scheiden ließen, na, zuerst waren sie getrennt. Mein Vater ist einfach weggegangen und nicht mehr zurückgekommen. Mein Bruder und ich haben ihn noch zum Taxistand begleitet; das war der Tag, an dem ich ihn zuletzt gesehen habe. Uns hat er gesagt, er hätte eine Stelle in Johannesburg gefunden.

Nicht, dass zu Hause irgendetwas vorgefallen wäre ... Sie waren glücklich damals. In dem Jahr kam er nicht mehr nach Hause. Im nächsten Jahr auch nicht. Im dritten Jahr hat meine Mutter dann die Scheidung eingereicht. Mittlerweile kapierte ich allmählich, was los war. Vor Gericht wurde ich gefragt, ob ich bei meinem Vater leben wolle oder nicht. Wir wollten alle bei meiner Mutter bleiben. Sie ist lieb und hat uns gern.

Mein Vater hatte uns auch gern. Ich erinnere mich an das letzte gemeinsame Ostern. Er hat vier riesige Schokohasen gekauft, und wir beide haben sie aufgegessen. Alle vier. Die anderen haben nichts abbekommen, weil Papa und Tochter alles verputzt hatten." Noluvuyo kichert, dann wird sie ernst.

„Er hat einfach getan, was er getan hat, und dann irgendwie weitergemacht. Ich brauchte einen Psychologen, um darüber wegzukommen, dass mein Vater nicht mehr da war. Ich kann mir ein Foto von meinem Vater ansehen – er hängt irgendwo in der Höhe, an einem Gebäude. Er hat viel gearbeitet. Mein Vater hat als Glaser an den riesigen Gebäuden im Geschäftsviertel CBD gearbeitet.

Während des Freiheitskampfes ist mein Vater Polizist gewesen. Ich glaube, er hat die Truppe verlassen, weil er im Township lebte und die Leute wussten, dass er Polizist war. Er wollte die Familie nicht in Gefahr bringen. Einen seiner Freunde haben sie erschossen.

Für mich ist es nicht einfach gewesen, andere Leute ständig über ihre Väter reden zu hören, während mein eigener Vater weg war. Vor allem am Vatertag, wenn wir Karten basteln mussten. Ich hab immer noch Vatertagskarten gebastelt, aber da war niemand mehr, dem ich sie hätte überreichen können.

Meine Schulzeit hat auf der Kroneberg-Grundschule in Maitland begonnen. In der ersten Klasse habe ich in der Pause immer nur draußen vor dem Klassenzimmer rumgesessen, ohne mich zu rühren. Später bin ich dann etwas gesprächiger geworden. Mein Bruder hat die Nachbarschule besucht. In der ersten und zweiten Klasse bin ich mit dem Schulbus gefahren. Meine Mutter hat mich zum Bus gebracht und gewusst, dass er mich direkt vor dem Schultor absetzt.

In der dritten Klasse fuhr ich dann zusammen mit meinem Bruder im Zug zur Schule. Die meiste Zeit musste ich hinter ihm herrennen. Er lief wirklich schnell. Dass ich so langsam war, hat ihn genervt. Ich wollte mir alles rundherum anschauen, musste aber immer seine kakifarbene Schuluniform im Auge behalten. Einmal habe ich ihn am wuseligen Bahnhof von Khayelitsha aus den Augen verloren. Er ist vor mir eingestiegen, und der Zug fuhr ab. Ich stand da und habe mir die Augen ausgeheult. Zum Glück hat mich ein Mann aus unserer Nachbarschaft entdeckt und zur Schule gebracht.

Bei unserem Umzug nach St. James hab ich mich gefragt, wo sind denn die ganzen Leute? Die Bahnhöfe waren leer, die Züge auch. So etwas kannte ich von Khayelitsha gar nicht!

Als ich auf die Kroneberg-Schule kam, konnte ich nicht besonders gut Englisch. Nach drei Monaten hatte ich die anderen Kinder in Englisch fast eingeholt.

Ich weiß noch, wie dieser eine Junge mich geschlagen hat und ich in den Sandkasten gefallen bin. Keine Ahnung, ob ich auf seinem Platz gesessen hab. Vielleicht war es sein Reich, und er wollte da sitzen. Ich habe tagelang geweint.

In der vierten Klasse habe ich auf die Muizenberg Junior gewechselt. Die Klassen waren nicht besonders groß. Ich war eins von zwei schwarzen Kindern in der Klasse, alle anderen waren farbig oder weiß.

Der einzige andere schwarze Schüler hat mich tyrannisiert. Noch nicht mal eine Beschwerde bei der Lehrerin hat geholfen, er war nämlich ihr Liebling. Sie hatte nicht den Eindruck, er täte was Unrechtes. Er hat immer wieder Papier nach mir geworfen. Und dann hat er mich so eklig angespuckt. Das war widerlich. Am Ende hat die Lehrerin aber immer mich aus der Klasse geschickt.

Die Highschool habe ich auf der Zonnebloem in Woodstock gemacht. Jeden Tag bin ich im Zug hin- und hergependelt. Entweder bin ich eingeschlafen, oder ich habe Bücher gelesen. In der neunten Klasse ist eine Freundin von mir nach Steenberg gezogen. Ab da war es schöner, weil ich im Zug jemand zum Reden hatte.

Die Zonnebloem-Zeit war die beste Zeit in meinem Leben. Es war anders. Die Schule hatte ein gemischtes Lehrerteam, auch welche aus anderen afrikanischen Ländern. Unsere Direktorin war weiß.

Auf der Zonnebloem habe ich isiXhosa-Unterricht gehabt. Das war schwer, denn bis dahin besaß ich nur Grundkenntnisse. Dort haben wir dann *amaqhalo,* die Sprichwörter, und *izaci,* die Redewendungen gelernt sind also richtig tief ins Xhosa eingetaucht. Ich mochte Theater und hab in der Schultheatergruppe mitgespielt. Außerdem bin ich beim Kapstadt-Karneval in einer spanischen Tanzgruppe aufgetreten.

In der zehnten Klasse dachte ich, ich probier mal was mit Tourismus. Und so habe ich meine Leidenschaft fürs Gastgewerbe entdeckt.

Damals habe ich mich fürs Muizenberg College entschieden.

In der siebten Klasse musste ich allerdings einen Tiefschlag einstecken. Ich hatte Mühe mit Mathe. Ich hab es regelrecht gehasst. Aber ich bin möglichst cool geblieben. Meine Lehrer wollten mich auf eine Schule schicken, wo die Kinder vor allem was Handwerkliches lernen. Meine Eltern fanden das unfair, weil ich ein kluges Mädchen bin. Ich musste nur besser werden in Mathe. Irgendwie habe ich es dann geschafft, mich durchzuwursteln und mich zu verbessern.

2013 bin ich schwanger geworden. Den Vater meines Kindes kannte ich aus Queenstown. Wir sind schon von klein auf befreundet. Er ist momentan nicht in Kapstadt. Ich habe mich mit meiner Mutter über Beziehungssachen unterhalten, vor allem während meiner Schwangerschaft.

Ich habe eine wunderschöne Tochter, Avu. Avu ist ein Täubchen. Meine Tochter ist sehr ruhig. Das war sie schon während der Schwangerschaft. Gleich nach der Geburt hat sie schon geschlafen, wenn ich geschlafen habe, und ist wach geworden, wenn ich aufgestanden bin. Sie hat die ganze Nacht durchgeschlafen.

Ich habe eine Tätowierung am Hals. Es ist das Zeichen für Unendlichkeit, gebildet aus Vögeln. Ich überlege, mir noch eine zweite machen zu lassen. Mit ihrem Namen, direkt über meinem Herzen. Mehr Kinder will ich eigentlich nicht. Eins genügt. Babys kosten viel Geld.

Mittlerweile denke ich viel über die Zukunft meiner Tochter nach. Wenn ich schon nicht umsetze, was ich predige, was wird dann aus der Zukunft meiner Tochter? Wird sie ein gutes Leben haben, oder wird sie Krieg erdulden müssen? Ich will nicht, dass sie Krieg erlebt. Ich habe keinen Krieg erlebt. Ich bin zu dem Zeitpunkt geboren worden, als es in Südafrika einen Wandel gab. Ich wünschte, wir könnten mit dem, was wir jetzt erreicht haben, weiter voranschreiten.

Letztes Jahr habe ich beschlossen, mir einen Job zu suchen. Unter der Woche gehe ich immer noch aufs College. Ich studiere Hospitality Management und Catering. Ich koche gern. Jeden Nachmittag von Dienstag bis Sonntag bin ich im Kalk Bay Theatre.

Ich wohne zwar schon lang in dieser Gegend, wusste aber vorher nicht, was für ein aufregender Ort das Kalk Bay Theatre ist.

Ich gehe nicht gern auf Partys. Das ist einfach nicht mein Ding. Ich liebe meine Bücher. Ich lese gerade Alexander McCall Smiths *The No. 1 Ladies Detective Agency*. Ich hab schon alle seine anderen Bücher gelesen. Jetzt fang ich wieder beim ersten an.

Ich bin hetero, aber ich liebe meine homosexuellen Freunde – ich liebe sie irrsinnig. Mit ihnen kann man am besten abhängen.

Früher hatte ich Freunde in Khayelitsha, jetzt aber nicht mehr. Wenn ich sie jetzt grüße, mustern sie mich von oben bis unten. Ich weiß auch nicht, warum. Vielleicht liegt es an meiner Kleidung. Manchmal trage ich meine Gangnam-Style-Hosen. Ich lasse meine Haare so, wie sie sind, und hab mir schon lang nichts mehr reinflechten lassen. Bei mir kommt's drauf an, wie ich mich fühle. Die Leute auf der Straße in Harare, wo ich früher gewohnt habe, haben immer gesagt, ich versuche weiß zu sein, weil ich mit Weißen zusammenlebe. Sie haben mich Kokosnuss genannt. Ich habe Englisch gesprochen, weil ich es so gewohnt war. Ich konnte gar nicht anders. Ich habe gedacht, die Leute, die mich so beschimpfen, katapultieren uns zurück in die Vergangenheit. Während wir uns bemühen, vorwärtszukommen. Das ist schon mein Leben lang so. Wo ich hinkomme, nennen sie mich Kokosnuss. Es stört mich nicht, ich weiß ja, dass ich keine Tropenfrucht bin.

Die Leute in St. James und Kalk Bay dagegen sind ziemlich cool drauf und entspannt. Es schaut dich keiner komisch an, wenn du barfuß rumläufst. In Khayelitsha würde ich noch nicht mal auf die Idee kommen, ohne Schuhe in einen Zug zu steigen. Hier ist man mit einer Verurteilung nicht so schnell bei der Hand. Im Theater arbeite ich barfuß. Ich bin eh nicht so der Schuhtyp.

Ich weiß, dass es dringliche Probleme gibt wie mangelnde Hygiene und fehlender Wohnraum. Aber wir haben auch schon erlebt, dass Leute, die ein Haus zugeteilt bekommen haben, es verkaufen, wieder in ihre Hütte ziehen und auf ein neues Haus warten. Da hat es die Regierung natürlich nicht leicht.

Ich habe den Eindruck, hier in Südafrika fangen wir an, andere Leute, wie zum Beispiel die Somalier, für unsere Probleme verantwortlich zu machen. Ich habe das Gefühl, die meisten von uns leben noch in der Vergangenheit. Jetzt, wo wir die Schuld nicht mehr auf die Weißen schieben können und wo wir Demokratie und all das haben, wälzen wir die Schuld auf die Ausländer

ab. Ich habe Freunde und einen Onkel aus dem Kongo. Meine
Tante ist mit einem Kongolesen verheiratet. Für mich sind diese Leute schwarz, und wir sind alle gleich. Sie haben zum Teil
dieselben Clannamen wie wir, weil die Völker in ganz Afrika
umhergewandert sind. Wir sind alle eins. Es ist eine ziemlich
traurige Sache. Ich wünschte, wir könnten diese ganzen negati-
ven Einstellungen abschaffen. Als junge Leute, die 1994 geboren
wurden, haben wir so viele Möglichkeiten. Aber wir ergreifen sie
entweder erst gar nicht, oder wir lassen sie einfach sausen.

Manche Leute haben etwas gegen Beziehungen zwischen
den ‚Rassen'. Das bringt mich um. Das ist das neue Südafrika.
Warum können wir nicht alle so sein wie ich und Jaime, die
Tochter der Arbeitgeber meiner Mutter in Pinelands, und einfach gut miteinander auskommen? Früher durften Schwarze
nicht mit Weißen zusammenleben. Dinge, zu denen wir früher
keinen Zugang hatten, stehen uns heute offen. Warum nutzen
wir das nicht?

Ich habe mich sehr aufs Wählen gefreut, es war mir eine richtige Ehre. Ich musste daran denken, dass meine Mutter mich in
ihrem Bauch trug, als sie 1994 das erste Mal wählen gegangen
ist. Ich habe auf Facebook gepostet, dass ich gewählt habe. Voller Stolz. Ich bin mit meinem ANC-T-Shirt hier in Kalk Bay ins
Wahllokal gegangen. Mein Baby war dabei. Ich bin eine treue
ANC-Anhängerin, und zwar nur wegen Nelson Mandela. Ich
ehre das Erbe von Nelson Mandela. Lassen wir das ganze andere
Zeug mal beiseite. Im Moment ist die Partei alles andere als vollkommen.

Ich habe mich sehr aufs Wählen gefreut und konnte es kaum
erwarten. Jaime und ich dachten, wir könnten zusammen zur
Wahl gehen. Konnten wir aber leider nicht, weil ich hier in Kalk
Bay und sie in Fish Hoek registriert war. Meine 19- und 20-jähri-
gen Bekannten haben samt und sonders auf Facebook gepostet.

So stolz waren wir alle, dass wir zum ersten Mal wählen konnten. Auch die Nachrichten habe ich mit Spannung verfolgt. Es gab Berichte über verloren gegangene Stimmzettel.

Ich weiß noch, wie ich meine Mutter immer gefragt habe, warum ich nicht wählen durfte. Ich wollte auch diesen Fleck am Finger haben. Da muss ich ungefähr zehn gewesen sein. Ich erinnere mich, dass ich meinen Finger mit einem Stift schwarz angemalt und all meinen Freunden gesagt habe, ich hätte gewählt.

Genauso aufgeregt war ich, als ich meinen Ausweis abgeholt habe. Ich habe mich als richtige Bürgerin gefühlt. Als ich das Gemeindebüro von Wynberg verließ, war ich völlig aus dem Häuschen.

Momentan habe ich das Gefühl, dass unser Land in Flammen steht und zusammenbricht. Es ist extrem traurig. Der Bericht zur Lage der Nation von 2015 war eine Enttäuschung. In meinen Augen hat uns das, was da passiert ist, um einige Stufen zurückgeworfen.

Ich möchte mindestens fünf Jahre lang in Südafrika arbeiten. Nur um meine beruflichen Kenntnisse zu vervollkommnen. Und dann will ich schauen, was ich anderswo auf der Welt tun kann. Meine Tochter werde ich auf jeden Fall mitnehmen.

Auch meiner Liebe zum Singen wäre ich gern nachgegangen. Aber dann habe ich gemerkt, dass Kochen für mich das Größte ist. Am Theater bin ich jetzt stellvertretende Nachwuchsküchenchefin. Weil ich die ganze Zeit Englisch spreche, halten mich manche Leute für *ndiyaziphakamisa* – eingebildet.

Heiraten will ich nicht. Manche denken, das ist so, weil meine Eltern sich haben scheiden lassen und diese Wunde immer noch offen ist. Aber es ist nicht deswegen. Ich kann durchaus eine dauerhafte Beziehung mit einem langjährigen Lebenspartner führen, einem Partner, mit dem ich bis ans Lebensende zusammen bin. Aber ich will nicht heiraten und eine *makoti* sein,

171

eine junge Braut. Als *makoti* arbeitest du für diese Familie. Es ist der Traum jedes Mädchens, in einem weißen Kleid zu heiraten. Meiner ist es nicht."

SIPHOSETHU VAYO

Ich entwerfe für mein Leben gern Kleider

SONWABISO NGCOWA

Siphosethu ist eine kleine, selbstbewusste junge Dame. Sie hat die Art von Lächeln, die einen Raum erstrahlen lässt. In einer Zeit, in der Arbeitslosigkeit für junge Menschen die größte Herausforderung darstellt, ist dies die Geschichte eines selbst gestalteten Lebensentwurfs. Wir treffen uns in ihrem Haus in Motherwell, Port Elizabeth.

„Manche Leute halten mich für eine Tyrannin. Ich möchte, dass die Dinge so getan werden, wie ich das will. Wenn du mein Freund bist, möchte ich dich nicht leiden sehen. Früher war ich ein Kontrollfreak. Wenn jemand von uns etwas brauchte, wollte ich Bescheid wissen, damit wir zusammen einen Plan machen konnten. Ich war diejenige, die immer die Gruppe zusammengehalten hat.

Meine Freunde gehen gern in Restaurants. Ich bin süchtig nach Restaurants. Zu Hause koche meistens ich. Aber ich möchte nicht ständig nur das essen, was ich selbst gekocht habe. Ich geh gern mit Freunden aus, um mir was zu gönnen. Ich liebe Pasta mit Huhn. In jedem Restaurant habe ich so meine Spezialität. Ich liebe den Strand. Selbst bei nicht so schönem Wetter bin ich gern am Strand.

Wir gehen in Clubs, trinken aber nicht. Wir mögen Grillabende und hängen gern miteinander rum.

Inzwischen bin ich Modedesignerin. Das habe ich von meiner Großmutter gelernt. Sie hat immer von Hand genäht. Ich habe Kleider für meine Puppen genäht und ihnen das Haar geflochten. Ich habe einfach alles nachgemacht – was meine Großmutter mit mir gemacht hat, habe ich mit meiner Puppe veranstaltet.

In der Grundschule habe ich zum ersten Mal gezeichnet. Wir mussten zeichnen, ob wir wollten oder nicht. Wir wurden zum Zeichnen gezwungen. Meine Lehrer haben mir gesagt, ich könne gut zeichnen. Aber ich hab da nicht groß drauf gehört. Ich dachte, ich tue bloß, was die anderen Mädchen auch tun. Als möglichen Beruf hab ich das damals nie in Betracht gezogen.

Meine Freundinnen wollten alle Ärztinnen werden. Ich wollte Psychologin werden. Ich höre den Menschen gern zu und gebe ihnen Ratschläge. Ich weiß, dass ich gut darin bin. Ich tue das manchmal jetzt für enge Freunde, sogar für Leute, die ich kaum kenne. Ich lerne jemanden auf der Straße kennen, und sie erzählen mir von ihren Problemen. Ich geb mir Mühe, sie gut zu beraten. Ich dachte immer, das sei meine Berufung. Sogar ältere Leute haben bei mir Rat gesucht. Manchmal habe ich Sachen gesagt, die mich selbst schockiert haben. Das war wie – wow – woher kam das denn jetzt?

Bei Familienzusammenkünften sollte ich immer dabei sein, obwohl ich noch ein Kind war. Und sie haben sich angehört, was ich zu sagen hatte. Obwohl ich nicht immer alles verstanden habe, wurde ich nach meiner Meinung gefragt. Das hat mich früh erwachsen werden lassen. Ich spürte, ich war jemand. Ich fühlte mich als Teil eines Ganzen und spürte, dass die Leute mich ernst nahmen. Das hat mir Selbstvertrauen gegeben. Ich wurde richtig gut im Reden mit Leuten.

Ich liebe es, öffentlich zu sprechen. Ich habe schon als Kind immer zu viel geredet, zu viel gelacht und zu viel gespielt. An Orten, wo ich niemanden kenne, wo mir die Leute alle fremd sind, fühle ich mich extrem wohl. Meistens gehe ich dann nach Hause und hab zehn neue Freundschaften geschlossen. Ich möchte den Leuten das Gefühl geben, dass sie mich schon ewig kennen. Ich kann andere Menschen gut einschätzen. Ich weiß, wann ich mich zurückziehen muss. Ich weiß sofort, was ich bei gewissen Leuten nicht ansprechen darf.

Nichts hasse ich mehr, als wenn ich rede und mir niemand zuhört. Ich glaube, die meisten Menschen hören bloß zu, um zu reagieren, nicht um wirklich zu verstehen. Das ist sogar bei meinen Freunden so. Schnell führt so was mal zu Streit. Manchmal sagen die Leute genau dasselbe, verstehen einander aber nicht.

Irgendwann wurde ich es leid, die Probleme anderer Leute zu lösen und für jeden da zu sein. Ich habe mich gefragt, wann bin ich denn mal dran? Wann setzen sich die Leute mal ein für mich? Offenbar erwecke ich den Eindruck, dass Leute mir gegenüber nicht stark sein müssten, weil ich selber schon stark genug bin.

Ich bin im St.-George-Krankenhaus geboren. Ich bin die Jüngste, nach zwei Jungen. Als ich noch ganz klein war, hat meine Mutter mich nach Alicedale geschickt, zu meiner Großmutter. Bei ihr bin ich aufgewachsen. Die Zeit mit meiner Großmutter war die beste Zeit meines Lebens. Ich weiß noch, wie wir zusammen Puppen gespielt und Teepartys veranstaltet haben. Ich hatte eine große Puppe namens Cinderella. Sie war meine Freundin.

Ich bin nicht gern in die Vorschule gegangen, ich erinnere mich auch nicht mehr daran, wie sie hieß. Ich hasste das frühe Aufstehen. Und das Essen dort war grauenvoll. Morgens bekamen wir warme Milch. Das habe ich gehasst. Oft bin ich nach

Hause gerannt, denn die Vorschule war ganz in unserer Nähe. Die Lehrerin lief mir oft hinter und holte mich zurück. Auch meine Großmutter hat mich wieder zurückgebracht, wenn ich erfolgreich ausgebüxt war. Manchmal hat sie die Lehrer weggeschickt und ihnen gesagt, dass sie mich später zurückbringt. Ich wollte keine warme Milch. Ich war schon immer ziemlich dickköpfig. Wenn ich irgendwas nicht tun will, dann tue ich es nicht. So war ich schon als Kind.

Als wir kleiner waren, sollten wir zu gewissen Zeiten schlafen gehen, aber ich wollte nicht. Ich wollte schlafen gehen, wenn ich Lust dazu hatte.

Ich liebe die Natur, bin aber auch ein schöpferischer Mensch und liebe die Kunst. Das Tollste für mich ist es, aufzuwachen und Bäume zu sehen. Kühen und anderen Tieren schau ich auch gern zu.

Meine Eltern haben immer hier in Port Elizabeth gewohnt. Nach Port Elizabeth bin ich erst wiedergekommen, als ich in die erste Klasse eingeschult wurde. Meine Mutter hat immer gearbeitet. Meine älteren Brüder waren die ganze Zeit in der Schule, also konnte niemand auf mich aufpassen. Ich bin das einzige Mädchen.

Ich habe die Elufefeni-Grundschule besucht, zwei Minuten von uns zu Hause entfernt. Wir waren ungefähr 40 Schülerinnen und Schüler in der Klasse. Es war zwar keine englische Grundschule, aber wir hatten eine tolle Englischlehrerin. In ihrem Unterricht wurde nur Englisch gesprochen. Da blieb uns nichts anderes übrig, als zu lernen. Ich lese wahnsinnig gern. Wenn ich fernsehe, dann, weil ich etwas erfahren will.

Ich liebe Musik. Durchs viele Musikhören und weil ich wissen wollte, worum es in den Liedern geht, habe ich schnell Englisch gelernt. Ich habe mich auch gezwungen, Englisch zu sprechen. Mein einer Bruder hat die Malabar-Grundschule besucht, eine Schule, auf die Kinder aus unterschiedlichen Bevölkerungsgruppen gingen. Ich hab mich immer drauf gefreut, wenn er nach Hause kam und ich Englisch mit ihm sprechen konnte. Ich habe ihn dann mit Fragen gelöchert: ‚What's your name? What did you learn at school today?' Er hat mir immer geantwortet.

Wenn sie bei uns zu Hause Dinge besprachen, die ich nicht wissen sollte, wurde Englisch gesprochen. Auch deshalb wollte ich schnell Englisch lernen, ohne es ihnen zu sagen. Als sie gemerkt haben, dass ich sie verstehe, haben sie zu Afrikaans gewechselt. Mein Afrikaans ist überhaupt nicht gut. Ich verstehe ein bisschen, weil ich viele Afrikaanssendungen wie 7de Laan schaue. Auf der Highschool war Afrikaans Pflichtfach. Ich bin auf eine gemischte Highschool gegangen. In Afrikaans hatte ich immer eine Note von mehr als 80 Prozent.

Nach unserem Umzug nach Port Elizabeth habe ich die Ferien immer bei meiner Großmutter verbracht. Dort habe ich mich am wohlsten gefühlt. Dort kannte ich mich aus, und dort waren meine Freunde. Wenn ich wieder nach Hause musste, habe ich jedes Mal geweint. Meine Mutter hat dann gewartet, bis ich eingeschlafen bin, und mich im Auto zurück nach Port Elizabeth verfrachtet. Auf dem Rückweg bin ich meistens aufgewacht. Ich weine immer noch, wenn meine Großmutter nach einem Besuch bei uns wieder abreist. Ich bin ein Omakind.

Auf der Highschool waren wir ungefähr 45 Schülerinnen und Schüler in der Klasse. Ich hatte während meiner gesamten Schulzeit immer Zugang zu einem Computer und zum Internet. Ich hatte ein gutes Verhältnis zu meiner Lehrerin für Lebensorientierung. Sie unterstützte mich sehr bei meinem Wunsch, Psychologin zu werden. Sie hat mir Bücher ausgeliehen und mich manchmal auch zu Veranstaltungen mitgenommen.

Mein einer Bruder ist vier Jahre älter als ich, in der Schule war er aber nur drei Klassen über mir. Ich wollte auf dieselbe Schule gehen wie er. Eine Schule mit Kindern aus unterschiedlichen Bevölkerungsgruppen. Nicht, dass ich Schutz gebraucht hätte. Ich komme ganz gut allein klar. Die meisten Leute wussten nicht mal, dass er mein Bruder ist. Manche dachten, er sei mein Freund.

Nach dem Abitur habe ich am Varsity College Journalismus studiert. Aber erst hatte ich mich an die UNISA gewandt, die Universität von Südafrika, weil ich Psychologie studieren wollte, bekam dort allerdings die Auskunft, ich sei noch zu jung, das Psychologiestudium könne man erst mit 23 aufnehmen. Das Varsity College ist gleich neben der UNISA, ich bin also hingegangen und habe mich über das Studienangebot informiert. Das Einzige, was mich interessiert hat, war Journalismus. Das ergab für mich Sinn. Ich hab aber keinen Abschluss gemacht, weil es mir nicht gefallen hat. Nach drei Monaten habe ich es schon schleifen lassen und geschwänzt, und da wusste ich, dass es mir nicht gefällt. Oft bin ich einfach später in die Seminare gegangen. Ich habe mir extra ein Buch gekauft, mit dem ich während des Seminars in der Mensa rumgesessen habe. Irgendwann hatte ich das Gefühl, ich verschwende meine Zeit und das Geld meiner Mutter. Ich habe ihr gesagt, dass ich total unzufrieden mit dem Studiengang bin. Sie hat mich gefragt, was ich stattdessen vorhätte. Ich habe mich für ein Jahr Auszeit entschieden. In dem Jahr habe ich gar nichts gemacht. Das war lustig. Ich habe das Nichtstun sehr genossen. Zwölf Jahre meines Lebens hatte ich nämlich immer etwas tun müssen: zur Schule gehen, jeden Tag früh aufstehen. Deshalb fand ich es klasse, einfach aufzuwachen und nichts zu tun. Und das Tolle war, dass meine beste Freundin auch nichts tat. Wir haben einfach abgehangen.

Auf dem Erica-Campus habe ich dann mit Mode angefangen. Auch da war ich nicht glücklich. Ich hatte mich für Textilherstellung eingeschrieben. Sie haben uns dort allerdings nicht die Geschichte und die Theorie der Mode beigebracht, sondern wir sind da einfach nur zum Nähen hingegangen und dann wieder nach Hause. Zweimal die Woche bin ich dort gewesen. An den anderen Tagen habe ich zu Hause gesessen und ferngesehen. Meine Familie weiß davon nichts, aber ich habe das nur bis September gemacht. Danach hab ich gedacht, es reicht, ich muss da nicht mehr hin. Also habe ich mich, sobald meine Mutter aus dem Haus war, wieder ins Bett gelegt. Meine Klassenkameradinnen haben am Ende des Kurses ein Zeugnis bekommen. Ich habe keins gekriegt, ich habe noch nicht mal nachgefragt. Auch die Sachen, die ich entworfen habe, hab ich nicht abgeholt.

Im nächsten Jahr bin ich aufs Damelin College gegangen. Der Wechsel hat mir gutgetan. Da habe ich wirklich Mode studiert.

Meine Mutter ist Filialleiterin eines Bettwarengeschäfts mit Hauptsitz in Kapstadt. Sie haben sich dort auf Beratung spezialisiert. Sie stellt die Leute für die Firma ein und bildet sie aus. Sie hat ihr eigenes Büro am Daku Square, Kwazakhele, hier in Port Elizabeth. Hier hat sie ihr Geschäft.

Was mein Vater tut, weiß ich nicht. Keine Ahnung, wo der steckt. Wir haben keinen Kontakt. Ich habe noch nicht mal Erinnerungen an die Zeit, als er noch bei uns war. Ich weiß wirklich überhaupt nichts über ihn. Er ist schon lange weg. Ich finde es gut, wie ich aufgewachsen bin. Ich würde nichts daran ändern wollen. Es berührt mich nicht, an ihn zu denken.

Wenn er bei uns wäre, wären die Dinge sicherlich anders, langsamer. Vielleicht wären sie so langsam, dass ich heute gar nicht da wäre, wo ich jetzt bin. Wenn zwei Erwachsene anwesend gewesen wären, hätte es wahrscheinlich zu viele Meinungen gegeben. Vielleicht hätte er gewollt, dass ich etwas anderes tue.

Meine Mutter und ich gehen sehr offen miteinander um. Ich kann mit ihr über alles reden. Ich habe ja keine Schwester, deshalb ist sie so was wie meine Schwester. Es hatte also auch sein Gutes, dass mein Vater nicht auf der Bildfläche war. Wäre er noch da gewesen, hätte er vielleicht gesagt, sie sei meine Mutter und eben nicht meine Freundin. Vielleicht hätte ich, wenn ich etwas will, erst ihn fragen müssen und dann meine Mutter. Vielleicht wäre er mit meiner Berufswahl nicht einverstanden gewesen. Vielleicht hätte er gewollt, dass ich Rechtsanwältin werde oder Ärztin. Aber meine Mutter unterstützt mich auf dem Weg, für den ich mich entschieden habe. Wir beraten uns gegenseitig bei allem. Wir sind eine kleine Familie."

„Mit 15 hatte ich meinen ersten Freund. Das war in der neunten Klasse. Mein erster Freund wohnte auch hier im Viertel. Wir waren ungefähr vier Jahre lang zusammen. Zwei Jahre davon führten wir allerdings eine Fernbeziehung, weil er mit seiner Mutter nach Johannesburg gezogen ist. Wir haben nicht mal miteinander geschlafen.

Wir hatten das Glück, dass wir im Fach Lebensorientierung in Sexualkunde unterrichtet wurden. Sie haben auch Leute von der HIV-Präventionsinitiative *Love Life* in die Schule eingeladen, um mit uns über Kondome und so zu sprechen. Einige von uns hatten noch nicht einmal ihre Tage, und schon haben sie uns über Binden und Tampons informiert. Wir sollten sie in der Tasche haben, für den Fall, dass es in der Schule passiert.

Als ich gerade mal begonnen hatte, mich für Jungs zu interessieren, hat sich meine Mutter mit mir hingesetzt und mich gefragt, ob ich einen Freund hätte. Ich habe ihr gesagt, ich hätte einen. Und da hat sie mir alles über Sex erzählt. Damals habe ich ihr versprochen, sie brauche sich keine Sorgen machen, ich würde nichts anfangen. Was meine Mutter mir gesagt hat, behalte ich ständig im Kopf. Wenn ich dabei bin, etwas Dummes zu tun, denke ich immer daran, dass meine Mutter es erfahren wird.

Ich habe mitbekommen, wie Mädchen in meinem Alter schwanger geworden und von der Schule geflogen sind. Ich hatte immer ein Ziel und eine Vision für mein Leben. Ich wusste also, was ich wollte, und würde niemals jung Mutter werden. Nicht mal jetzt, mit 21, fühle ich mich dazu bereit.

Meine Freundinnen waren immer füreinander da, wir waren stets wie Schwestern. Ich bin eine ziemlich strenge Person. Wenn meine Freundinnen etwas Falsches tun, sag ich ihnen, das geht so nicht. Wenn wir zusammen ausgehen, rühre ich mich, wenn ich etwas für unangebracht halte. Ich habe eben so etwas Kommandierendes. Ich bin gern der Chef. Aber nicht im schlechten Sinn. Für meine Freundinnen wie für mich auch will ich nur das Beste. Ich will nicht etwas für mich allein erreichen und sie zurücklassen. Ich will, dass wir gemeinsam nach oben kommen und einander motivieren. Wenn wir uns treffen, reden wir über unsere Zukunft, unser Leben, unsere Eltern, und wir reden über Jungs … Letztendlich willst du ja nicht mit Leuten zusammen sein, die dich runterziehen. Mein Ruf ist mir sehr wichtig. Als Freundinnen erzählen wir einander immer, was jede für sich vorhat, aber es soll nicht nur für einen selbst gut sein, sondern auch für die Freundschaft.

Erst nach drei Jahren Beziehung haben mein Freund und ich zum ersten Mal miteinander geschlafen. Wir hatten mitbekommen, wie ein paar meiner Freundinnen über Sex geredet hatten, und fanden: Nein, das ist nichts für uns. Manche haben mir richtig Angst gemacht. Bei manchen klang es nach was Schönem. Am Schluss waren wir ziemlich verwirrt und wussten nicht recht, was es mit dem Sex wohl auf sich haben könnte.

Manchmal kann ich ziemlich launisch sein. Wenn ich einen ganzen Tag nicht rede, spricht mich irgendwann meine Mutter drauf an. Zum Beispiel einmal, nach einem Streit mit meinem Freund, da war ich wirklich traurig. Mit meiner Mutter wollte ich nicht darüber sprechen. Sie hat mich gefragt, mit wem ich denn sonst darüber reden wolle. Da habe ich ihr alles erzählt, und nachher ging es mir so viel besser.

Meine Großmutter geht mir über alles. Mit ihr kann ich auch gut reden. Ich rufe sie manchmal an und heule ihr was vor. Manchmal packe ich einfach meine Sachen und besuche sie. Es ist nur eine Stunde Fahrt nach Alicedale.

Meine Lebenseinstellung ist zu 80 Prozent positiv, vor allem, wenn ich meine Familie um mich habe. Als ich meine erste Modeschau hatte, hatte ich eine richtig glückliche Zeit, das war vor etwas mehr als einem Jahr. Damals am Damelin. Wir konnten unsere eigene Kollektion entwerfen, und am Ende des Jahres wurde alles ausgestellt. Das war das bisherige Highlight meines Lebens. Ich hatte oft Modeschauen im Fernsehen gesehen und gehofft, selbst mal dabei zu sein. Ich hatte das Gefühl, es geschafft zu haben, obwohl es bloß eine Schulveranstaltung war.

Ein paar Tage später habe ich gesehen, dass mein Kleid es in die *La Femme,* die Beilage der Tageszeitung *Herald*, geschafft hat. Meine Professorin hat ganz aufgeregt bei mir angerufen. In der Zeitung stand mein Name und alles. Die Woche darauf wurde ich fürs Fernsehen interviewt. Danach haben mich die Leute auf der Straße angesprochen und gerufen, sie hätten mich auf Bay-TV gesehen. Meine Freundinnen waren völlig hin und weg. Sie wussten, dass ich gut war in dem, was ich tat, aber sie wussten nicht, dass ich so gut bin.

Meine Hoffnung und mein Traum für die Zukunft ist, selbstständige Modedesignerin zu sein. Ich habe eine Vision. Ich sehe mich als Inhaberin einer Boutique. Neben meiner Boutique ist mein Frisiersalon, ich kann nämlich auch gut mit Haaren umgehen. Die Leute sollen in meiner Boutique komplett eingekleidet werden und sich dann nebenan die Haare machen lassen, die Fingernägel und das ganze Make-up. Ich halte mich nicht für besonders glamourös, aber ich mag es, gut auszusehen. Ich hab's gern, wenn die Leute mich fragen, woher ich meine Klamotten habe. Ich bin gern anders, muss aber nicht ständig betonen, dass ich anders bin. Ich bin halt so, wie ich bin. Ich habe meinen eigenen Stil.

Ich entwerfe Kleider für Kundinnen. Die Frauen kommen von sich aus zu mir. Nach meinem Abschluss haben viele Frauen mich angerufen und gesagt, sie hätten meine Sachen gesehen und ich solle etwas für sie entwerfen. Ich habe jetzt meinen eigenen Laden. Ich setze mir Ziele und habe Deadlines. Fast täglich treffe ich mich mit Kunden. Ich habe treue Kundinnen, die ich mir erhalten muss. Sobald ich neue Ware habe, rufe ich sie an und sage ihnen, dass es ihnen sicher stehen wird. Manche sagen mir von vornherein, ich soll sie sofort wissen lassen, wenn ich was Hübsches sehe, und es dann für sie schneidern. Ich bin nie herumgegangen und habe den Leuten erzählt, ich sei Modedesignerin. Sie kommen zu mir, sie finden mich. Ich bekomme Anrufe aus heiterem Himmel, Facebook-Mitteilungen und WhatsApp-Nachrichten. Vor allem in der Zeit der Abschlussbälle und Silvestergalas. Ich informiere mich über die Person und darüber, was ihr gefällt und was nicht. Wenn ich die Möglichkeit hätte, mein Geschäft noch irgendwohin auszuweiten, dann wäre das definitiv nach Paris."

Die verzwickte Sache mit dem Dazugehören

MELANIE VERWOERD

Eine Begegnung mit Ishmael Evans ist verwirrend. Alles an ihm deutet darauf hin, dass er Australier ist. Er hat diesen nasalen Aussie-Ton und sieht auf seine attraktive, sportliche Art sogar australisch aus. Sobald er aber zu reden beginnt, strotzt es von südafrikanischen Wörtern wie „ja" und „issit". Im Vorfeld hatte ich erfahren, dass er gläubiger Muslim sei, was sich bestätigt, als er zum Interview in einem Thawb erscheint, dem langen Gewand muslimischer Männer. Nicht ganz das, was ich mir unter einem Mann mit dem Nachnamen Evans vorgestellt hatte.

Und dennoch, all diese verschiedenen Identitäten stecken in Ishmael, und in den paar Stunden unseres Gesprächs wird sein Bemühen offensichtlich, die vielen Aspekte seines Lebens zu vereinen und ein Gefühl der Zugehörigkeit zu erlangen.

Ishmaels Vater, Yazeed, ist, laut seiner Beschreibung, „ein farbiger Typ aus Uitenhage". Als Yazeed 13 Jahre alt war, emigrierten seine Eltern aus politischen Gründen nach Australien. Zunächst lebten sie in Melbourne, wo sie entfernte Verwandte hatten, später zogen sie dann nach Adelaide. Ishmaels Mutter, Janine, stammt aus Liverpool, England. Als sie zwei Jahre alt war, emigrierten ihre Eltern nach Adelaide, wo sie später ihren künftigen Ehemann kennenlernte.

„Sie haben sich also kennengelernt und geheiratet", sagt

Ishmael. „Ich weiß nicht sehr viel darüber, aber ums kurz zu machen, da bin ich jetzt."

Die Art, wie er die Details zur Liebesgeschichte seiner Eltern ausklammert, bringt mich zum Lachen.

„Zwei Jahre später kam dann mein Bruder Siraj auf die Welt, und ein paar Jahre darauf Amir, der jetzt zwölf ist."

Bevor sie heirateten, konvertierte Janine, die aus einer katholischen Familie stammt, zum Islam.

„Wie hat ihre Familie das denn aufgenommen?", will ich wissen.

„Es waren ihnen völlig egal", sagt Ishmael. „Sie haben das ganz entspannt gesehen und meinen Vater und uns immer sehr unterstützt. Weihnachten haben wir immer zusammen bei ihnen verbracht, und am Opferfest kamen sie zum Essen zu uns."

Die Familie zog bald von einer Wohnung um in ein Haus im Vorort, und als weiterer Familienzuwachs kam, gab Janine ihren Beruf als Innenarchitektin auf, um sich ganz um die Söhne zu kümmern.

Ishmael sagt, er habe eine sehr glückliche Kindheit genossen, obwohl er oft die Schule wechseln musste – „insgesamt sicher sieben- oder achtmal". Zunächst hatte er eine staatliche Grundschule in der Nachbarschaft besucht. „Nach etwa drei Wochen haben mich meine Eltern schon dort rausgenommen. Sie waren ... ich sag mal ... recht energisch, wenn es um unsere Bildung ging." Er sagt es mit einem ironischen Lächeln.

Auf der neuen Grundschule blieb er bis zur fünften Klasse. Diese Zeit beschreibt er als die normalste Phase seines Lebens. „Ich stand auf, ging zur Schule, kam nach Hause, machte meine Hausaufgaben, ging ins Bett, und am nächsten Tag begann alles wieder von vorn." Er spielte Fußball und ein bisschen Kricket, aber seine Eltern erlaubten ihm keinerlei Art von Kontaktsport. „Nicht mal Hockey."

2005, als Ishmael in der fünften Klasse war, beschloss seine Familie, für ein Jahr nach Südafrika zu ziehen, wo er die Rondebosch-Grundschule für Jungen besuchte.

„Zum ersten Mal musste ich alles zusammenpacken und neue Freunde finden. Das war sehr schwierig. Ich war elf Jahre alt, und in diesem Alter sind Kinder nicht gerade freundlich zueinander. Ich wurde viel aufgezogen und hatte es wirklich schwer, in Südafrika Freundschaften zu schließen. Ich glaube, ich habe all diese verschiedenen Kulturen nicht verstanden, und kam deshalb nicht gut klar ... Und vor allem wollte ich nicht auf einer reinen Jungenschule sein."

Nach acht Monaten kehrte die Familie nach Australien zurück. Ishmael sagt, er habe schnell wieder den Anschluss an seine alte Clique gefunden, denn er stammte eindeutig aus derselben „Brut" wie seine australischen Klassenkameraden.

Einige Jahre später ging er auf die Mittelschule. In der Zeit begann er sich für Kricket zu interessieren. „Ich war keins dieser Naturtalente, die schon mit zwei einen Schläger in die Hand nehmen und einfach drauflosspielen. Fußball war da eher mein Fall. Ich habe ein bisschen Kricket gespielt, aber ohne Leidenschaft. Mit 13 ist dann bei einem Kricketmatch irgendein Knoten geplatzt. Ich hab hinterher bloß gesagt: Mann, war das cool! Und wusste, genau das will ich machen."

Er konzentrierte sich voll aufs Training, und in der Gruppe der unter 16-Jährigen war er unter den besten drei Scorern seiner Liga. Mit 16 spielte er in der Herrenmannschaft.

„Aber dann kam das Jahr 2011", sagt er und rutscht unbehaglich auf dem Stuhl hin und her. „2011 ... na ja, eigentlich war seither jedes Jahr sehr schwierig." Er macht eine Pause, dann schaut er mich etwas besorgt an. „Vielleicht sollte ich besser sagen, interessant."

Nachdem Janine und Yazeed 2010 die Fußballweltmeisterschaft in Südafrika besucht hatten, entschlossen sie sich, mit der Familie dauerhaft nach Südafrika zu ziehen. Der wachsende Antiislamismus in Australien hatte sie alarmiert.

„Wir sind wegen des Hasses auf Muslime in Australien nach Südafrika zurückgekommen. Und es wurde immer schlimmer", sagt Ishmael. „Meine Mutter war an interreligiösen Dialogen in verschiedenen multikulturellen Gemeinden beteiligt. Sie hat gemerkt, dass es nicht besser wird. Sie hat immer wieder gefragt: Warum kann es hier nicht so sein wie in Südafrika?"

Ich bin überrascht, als er sagt, der Anteil der Muslime in Australien sei genauso hoch wie in Südafrika. Und doch, sagt er, sei es sehr schwierig, in Australien den muslimischen Glauben zu praktizieren.

„In Adelaide gibt es zum Beispiel bloß drei Moscheen", sagt er. „Nirgendwo kann man halal essen. McDonald's und Kentucky Fried Chicken sind nicht halal wie hier. Das Alltagsleben als Muslim war also ziemlich kompliziert. Und dazu kommen die rassistischen Bemerkungen, die die Leute so beiläufig machen."

Er erzählt mir, dass sein jüngerer Bruder auf eine katholische Schule ging.

„Als er in der sechsten Klasse war, reichten die Kinder einmal einen Zettel herum mit einem Bild meines Bruders mit Turban auf dem Kopf und einer Bombe in der Hand, und darauf stand irgend so was wie: ‚Das ist Siraj.'"

Als einer seiner Freunde Siraj das Bild zeigte, nahm der es mit und zeigte es zu Hause den Eltern, die sofort beim Schuldirektor auf der Matte standen.

„Ja, so war es eben. Auch das Fasten war schwierig. Eine Menge Leute verstehen einfach nicht, warum wir das tun." Ishmael berichtet, er habe während der vierwöchigen Fastenzeit im Ramadan nur sehr wenig Unterstützung von schulischer Seite erlebt. „Die Lehrer haben keinerlei Rücksicht darauf genommen, dass du gefastet hast. Vor allem im Sommer war es schlimm – 40 Grad Hitze und lange Tage, manchmal musste man 15 Stunden lang fasten."

Irgendwann war er es leid, sich und seinen Glauben immer wieder rechtfertigen zu müssen. „Du siehst ja, meinem Aussehen und meiner Redeweise nach bin ich nicht gerade ein stereotypischer Muslim. Die Australier glauben, wir haben einen langen Bart und tragen immer solche Kleidung ..." – er zeigt auf seinen Thawb. „Und alle heißen Mohammed."

„Hat dich dein Name nicht verraten?", frage ich.

Ishmael lacht. „Ja, beim Reden allein hat man nichts gemerkt, aber sobald ich meinen Namen gesagt habe, kam die Frage: ‚Ishmael? Ist das nicht ein muslimischer Name?' Beim Take-away habe ich meistens nur unter meinem Nachnamen bestellt, Evans. Das hat das Leben einfacher gemacht."

In der Hoffnung, dort glücklicher zu sein und mehr Freiheit zur Ausübung ihres Glaubens zu genießen, kam die Familie 2011 nach Kapstadt. Auf Empfehlung entfernter Familienangehöriger bewarb sich Ishmael bei einer namhaften reinen Jungenprivatschule, dem Bishops College. Es waren zwar alle Plätze bereits belegt, aber aufgrund seiner australischen Kricketleistungen wurde er schließlich doch aufgenommen.

„Ich weiß noch, wir kamen an einem Mittwoch in Kapstadt an. Weil ich nach dem offiziellen Semesterbeginn in die Klasse eintrat, bin ich schon am Freitag zur Schule gegangen, und zwar mit einem ziemlichen Jetlag."

Ishmaels Erfahrungen am Bishops waren nicht unbedingt positiv, und er verließ die Schule bereits nach sechs Monaten.

„Am Anfang, wenn du ankommst, sind erst mal alle nett zu dir, aber sobald sich der Neulingsbonus, dass du Australier bist – und als solcher galt ich dort –, etwas abgenutzt hat, tummeln sich die Leute, die dich anfangs so begeistert aufgenommen haben, rasch wieder." Als introvertierter Mensch fand er es recht schwierig, neue Freundschaften zu schließen. „Die meisten Pausen habe ich in der Bibliothek verbracht und gelesen, ich hatte ja niemanden, mit dem ich reden konnte. Das war nicht einfach für mich. In Australien hatte ich einen engen Freundeskreis – wir waren nicht viele, aber wir standen uns sehr nah und sind auch immer noch in Kontakt."

Er kämpfte auch mit dem neuen Lehrplan und Fächern, die er in Australien nicht belegt hatte. Sein Notendurchschnitt sank. Da er immer zu den besten Schülern gehört hatte, machte ihm das zu schaffen. Und zu alledem konnte er sich, anders als man ihn hatte glauben lassen, beim Kricket nicht weiterentwickeln.

„Es wurde klar, dass sie mir nichts schenkten, unabhängig vom Spielniveau musste ich ganz unten anfangen. Ich war Opening Batsman – der Schlagmann, der das Spiel eröffnet –, aber sie haben mich auf Position sieben spielen lassen, ich bekam also nicht die Chance, mich wirklich zu verbessern."

Ishmael wechselte auf die Internationale Schule in Kapstadt und trat außerdem einem Kricketclub bei. Er musste sich zwar mächtig ins Zeug legen, schaffte es aber zehn Monate später, drei internationale A-Levels abzulegen, wofür man normalerweise 18 Monate braucht. Zweimal erhielt er die Bestnote. In den sechs Folgemonaten absolvierte er ein Selbststudium in Chemie und erreichte auch hier in der Abschlussprüfung die Bestnote.

Auf der Internationalen Schule fühlte er sich wesentlich wohler, denn dort waren Menschen verschiedenster Herkunft, und die Schüler waren viel aufgeschlossener gegenüber der Verschiedenartigkeit.

Und doch war 2011 für ihn eindeutig ein schwieriges Jahr, nicht zuletzt, weil er innerhalb von zwölf Monaten drei verschiedene Schulsysteme durchlaufen hatte.

Aufgrund seiner guten Noten erhielt Ishmael einen Studienplatz für Maschinenbau an der Stellenbosch-Universität. Doch noch vor dem Studienantritt nahm sein Leben eine radikale Wendung.

Er erklärt, er sei immer religiös gewesen und seit er denken kann, seien bei ihnen zu Hause alle muslimischen Rituale praktiziert worden. „Bei uns war das vollkommen normal, fünfmal am Tag beten zum Beispiel. Das ist eben eins dieser Dinge, die zum Islam dazugehören. In Australien bedeutet Muslim zu sein meistens nicht mehr, als dass du kein Schweinefleisch isst, keinen Alkohol trinkst und freitags in die Moschee gehst. Die Leute beten eigentlich kaum, manche trinken sogar Alkohol, weil sie dem Gruppendruck nicht standhalten. In einem Umfeld, das es nicht gerade fördert, ein guter Muslim zu sein, haben wir uns nach außen hin wohl nicht sonderlich religiös gezeigt."

Er sagt, er sei zur Medrese, der islamischen Schule in der Moschee, gegangen, um Grundlegendes über den Glauben zu erfahren. In der achten Klasse schrieben ihn seine Eltern für einen Kurs in Islamwissenschaften ein, was sein Verständnis des Glaubens vertieft habe. Er sagt, es sei der richtige Moment dafür gewesen (er stand am Anfang der Pubertät), und seine Religiosität habe beständig zugenommen.

Die große Veränderung habe sich bei ihm eingestellt, als die Familie 2014 nach Mekka pilgerte, um die Umra zu absolvieren.

„Die Umra ist kürzer als der Hadsch, und man kann sie jederzeit im Jahr antreten", erklärt er. „Das war einfach toll und hat mir wirklich die Augen geöffnet. Bei mir hat damit eine große Veränderung eingesetzt, meine gesamte Sichtweise hat sich völlig gewandelt."

Zwei Tage vor Semesterbeginn kehrte Ishmael aus Mekka zurück. Er beschreibt, wie er in einem Hörsaal gesessen und zugehört habe, wie die Referenten „uns erklärten, was wir mit einem Abschluss alles anfangen können, wie viele Stunden wir investieren müssen, wie anstrengend es sein wird und wie es dir das Leben vermiest". Da wusste er, dass er all das nicht wollte. Er sprach mit dem Fachbereichsleiter, der ihn ermutigte, seinen Traum zu verfolgen. Also schmiss er die Uni, um sich voll auf Kricket zu konzentrieren und gleichzeitig das Studium der Islamwissenschaften fortzusetzen.

„Und was ist also dein Traum?"

„Eine professionelle, internationale Kricketkarriere", platzt es aus ihm heraus. Und mit etwas mehr Beherrschung sagt er: „Manchmal, wenn alles gut läuft, weiß ich, das ist genau das, was ich machen will. Aber wenn ich nicht in Form bin, kann es ganz schön schwierig werden. Ich will keiner von denen sein, die es zwar wollen, aber wissen, dass es niemals passieren wird, deshalb konzentriere ich mich voll auf mein Spiel."

Erfahrene Landestrainer sind der Auffassung, er habe das Potenzial, es bis ganz nach oben in die Nationalmannschaft zu schaffen, den größten Teil des Tages verbringt er daher mit Training und Spielen. Zum Glück besitzt er die doppelte Staatsbürgerschaft, sobald er das erforderliche Niveau erreicht hat, kann er also für Südafrika spielen.

Ich frage ihn, ob er sich eher als Australier oder als Südafrikaner fühlt. Er sagt, als Kind habe er immer erklärt, er sei Südafrikaner. Als Australier in erster Generation habe er sich niemals australisch gefühlt, obwohl er nur ein paarmal in Südafrika gewesen sei. Mittlerweile sei es aber um einiges komplexer geworden.

„Jetzt, wo ich hier bin, entdecke ich, dass ich doch viel mehr Australier bin, als ich bislang dachte – leider. Meine Art, Dinge zu tun, wie auch meine Art zu denken unterscheiden sich doch sehr von der der meisten Südafrikaner." Er macht eine kleine Pause. „Ich will in Südafrika bleiben und mag das Land, was aber inzwischen am meisten für mich zählt, ist meine Identität als Muslim. Sie bestimmt, wer ich bin, wie ich leben will, was mir wichtig ist und wie ich anderen Menschen gegenübertreten will. Mein Religionsstudium und der Besuch in Mekka haben mir wirklich klargemacht, wer ich sein will."

Durch die Stärkung seines Glaubens muss Ishmael sich natürlich auch mit der wachsenden Kluft zwischen muslimischen und nichtmuslimischen Gemeinschaften weltweit auseinandersetzen. Als wir über den wachsenden Einfluss des Islamischen Staates reden und darüber, dass die muslimische Glaubensgemeinschaft zunehmend als gewalttätig wahrgenommen wird, wird er energisch.

„Je tiefer ich in die Glaubensfragen eindringe, desto mehr verstehe ich", sagt er. „Die Leute denken, der Glaube sei mit Gewalt verbunden, aber das Gegenteil ist der Fall. Es gibt keinerlei Rechtfertigung, einen Menschen zu töten. Das ist das Schlimmste, was man tun kann – jemandem ohne jeglichen Grund das Leben zu nehmen. Zuallererst geht es im Islam darum, ein guter Mensch zu sein. Das richtige Essen, fünfmal am Tag beten und sich angemessen kleiden gehören zwar auch ein Stück weit dazu, das Wichtigste ist aber, dass du ein guter Mensch bist und ein anständiges Leben führst."

Als ich ihn etwas provokant nach der Beziehung zwischen den Geschlechtern befrage, antwortet er lebhaft, dass die Unterdrückung von Frauen nicht dem Koran entspreche. „Der Prophet, Friede sei mit ihm, war ein Frauenbefreier. Durch die Menschen im Mittleren Osten ist der Islam sehr verändert worden, ihre Kultur hat sich in den islamischen Glauben eingespeist, sodass die Frauen nicht so behandelt werden, wie sie behandeln werden sollten. Betrachtet man den Ursprung, dann sieht man, dass im Islam Männer und Frauen gleich sind. Wir sollten die Frauen nicht unterdrücken. Wer Frauen unterdrückt, handelt nicht nach den Regeln des Koran."

Ob er sich denn nach so vielen Jahren mangelnder Zugehörigkeit nun dazugehörig fühle? Offenbar fällt es ihm schwer, diese Frage zu beantworten, und er muss erst eine gehörige Weile darüber nachdenken.

„Allmählich glaube ich schon. Aber im Prinzip habe ich noch nie richtig das Gefühl gehabt, irgendwo dazuzugehören. Langsam arrangiere ich mich damit. Selbst hier. Ich habe einen anderen Akzent, der verrät mich, aber es stört mich nicht besonders. Wenn mir das Leben hier gefällt und ich tun kann, was ich will, wozu ist es dann überhaupt wichtig, dazuzugehören?"

Er erklärt mir, wie sehr die Unterschiede zwischen den Bevölkerungsgruppen noch Thema bei den Kricketclubs am Westkap seien. Er beispielsweise spiele für einen farbigen Club. Rassismus sei auf dem Platz gang und gäbe, und er schildert mir einen solchen Vorfall zwischen einem der Spieler eines weißen Clubs und einem Spieler aus seinem Club. „Obwohl ich für einen farbigen Verein spiele, habe ich nicht ganz dieselbe Hautfarbe – und ich stamme aus einigermaßen gesicherten Verhältnissen, was zu einer gewissen Distanz zwischen mir und einigen der Spieler führt", sagt er.

„Wie definierst du dich denn bezüglich der ‚Rasse'?"

Er seufzt tief. Er beantwortet diese durch und durch südafrikanische Frage auf überaus südafrikanische Weise.

„Oje, ich weiß es nicht. Aber wenn ich mich dazu äußern soll, sage ich, dass ich farbig bin. Ich habe einen farbigen Vater, also bin ich wohl auch farbig, nehme ich an." Er macht eine Pause. „Weißt du, ich glaube nicht, dass ich ein Farbiger bin, aber wenn mich jemand fragt, sage ich: Mein Vater ist ein farbiger Typ aus Uitenhage."

Wir lachen beide über diese südafrikanische Besonderheit.

„Ja, die meisten Leute halten mich für weiß, außer wenn ich aus der Moschee komme." Er lächelt.

„Also wirst du in Südafrika bleiben?"

„Ja, klar. Ich will noch nicht mal auf Besuch nach Australien. Ich wüsste nicht, wozu."

Nach unserem Gespräch denke ich, wie sehr Ishmael ein Symbol für das neue Südafrika ist, obwohl er nicht dort aufgewachsen ist. Wie die meisten anderen jungen Leute in diesem Buch verkörpert er – in Person – einen Regenbogen komplexer Identitäten, die er miteinander in Einklang zu bringen versucht. Dieses Ringen um Integration findet auf persönlicher Ebene statt, aber auch auf sozialer und gemeinschaftlicher Ebene. Wie so viele der jungen Leute, mit denen wir uns unterhalten haben, steht er dem Land und seiner Zukunft positiv gegenüber, obwohl es ihn manchmal „verrückt" macht.

Und doch: Einmal abgesehen von den Wirrnissen des Erwachsenwerdens im 21. Jahr nach den ersten demokratischen Wahlen, steht völlig außer Zweifel, dass Ishmael und seine Altersgenossen einen wichtigen und positiven Beitrag zu unserer Welt leisten werden.

Nachwort

LUTZ VAN DIJK

Zur Erinnerung an unseren Nachbarn
Sibusiso Justice Ndevu (1989–2016),
der mit 27 Jahren bei einem Feuer in seiner Hütte verbrannte –
und für seine jüngere Schwester
Phelisa Ndevu (* 1994),
die zwei Tage nach seiner Beerdigung
eine Ausbildung als Altenpflegerin begann,
auf die sie vier Jahre hatte warten müssen.

Melanie Verwoerd und Sonwabiso Ngcowa haben jungen Südafrikanerinnen und Südafrikanern, die 2015 – im 21. Jahr des
demokratischen Südafrika – selbst 21 wurden, eine Stimme gegeben und hierbei auch die Vielfalt der jungen Generation dieses
Landes aufgezeigt.

Um diese Stimmen besser zu verstehen, mögen einige Fakten hilfreich sein: Wenn wir über „junge Leute" sprechen, reden
wir – anders als in den meisten europäischen Gesellschaften –
von der Mehrheit der Bevölkerung: 50 Prozent der heute rund
54 Millionen Bewohnerinnen und Bewohner Südafrikas sind
nicht älter als 24 Jahre.

Was ist ihnen gemeinsam, was trennt sie?

Obwohl sie keine eigenen Erfahrungen mit dem rassistischen Unrechtssystem der Apartheid mehr haben, sind die Folgen für alle jungen Menschen, egal welcher Hautfarbe, in Südafrika noch immer spürbar. Es beginnt in den Schulen.

Jedes Jahr verlassen mehr als eine Million Jugendliche die Schule. Nur 30 Prozent derer, die einmal gemeinsam in der ersten Klasse begonnen haben, erreichen die zwölfte Klasse. Um die 70 Prozent geben vorher auf, zumeist aus Gründen, die direkt oder indirekt mit Armut zu tun haben – Hunger, fehlendes Geld für die Schuluniform oder den Transport zur Schule, die Verführbarkeit durch Gangs und andere (Irr-)Wege, um irgendwie dem Elend zu entkommen. Südafrika gehört weltweit zu den Ländern mit der höchsten Rate von Gewaltkriminalität.

Von denen, die tatsächlich die Matrik (dem deutschen Abitur ähnlich) schaffen, gehen 60 Prozent in die direkte Arbeitslosigkeit, immerhin mehr als 500.000 junge Leute jedes Jahr. Diese Zahlen addieren sich, Jahr für Jahr.

Von den rund 20 Millionen junger Leute im Alter von 15–34 Jahren sind nach offiziellen Statistiken landesweit 13–14 Millionen dauerhaft arbeitslos, das heißt, sie haben die Arbeitssuche zumeist aufgegeben. Und sie haben auch kein soziales Netz, das sie auffangen könnte – es gibt keine Sozialhilfe für diese Altersgruppe, überdies sind in kinderreichen Familien genug andere (jüngere) Geschwister zu versorgen.

Wie überleben sie? Wovon leben sie in dem Land mit den weltweit größten Unterschieden zwischen den wenigen sehr Reichen und der Masse der Armen bis extrem Armen?

Erst vor dieser sozioökonomischen Realität sind die Sehnsüchte der meisten jungen Leute in diesem Buch nach Lernen und Ausbildung richtig zu verstehen. Und vielleicht auch ihr mangelndes Interesse an politischen Parteien und traditionell politischem Engagement, was der Generation ihrer Eltern, als diese jung waren, im Kampf gegen Unterdrückung so wichtig war, ja die berühmten Jugendaufstände von Soweto von 1976 überhaupt erst ermöglichte. Die seit 1994 amtierende Regierung gilt vielen seit dem Ende der Ära von Mandela als in hohem Maße korrupt, der ANC hat als heutige Regierungspartei enorm an Ansehen verloren.

Mbu Maloni, 1993 geboren, beschreibt in seiner Autobiografie *Niemand wird mich töten* seinen ersten Schultag im Township Masiphumelele:

„Ich fühlte mich wie strahlendes Licht an diesem besonderen Morgen, als ich mit Mutter auf das Schulgelände zuging und sie mir zeigte, wo der Container der ersten Klasse war. Eine ältere Frau redete dort mit vielen kleinen Kindern. So viele Kinder saßen dort zusammengequetscht, dass kein Millimeter Fußboden zu sehen war.

‚Wamkelekile – willkommen, Mbu!‘, sagte die alte Lehrerin.

Ich wusste, ich hatte es geschafft." (S. 28)

In dasselbe Township Masiphumelele südlich von Kapstadt, kommt als Kind auch der 1984 im Ostkap in einem kleinen Dorf geborene Sonwabiso Ngcowa, zusammen mit seiner Mutter, seinem Großvater und mehreren Geschwistern. Die Mutter, wie so viele, auf Suche nach Arbeit. Der Vater? Nicht anwesend, lebt längst mit einer anderen Frau. Wie in den meisten armen Familien Südafrikas, die von alleinerziehenden Müttern über Wasser gehalten werden.

Sonwabiso fällt wegen besonders guter Leistungen auf. Er ist der erste Junge aus diesem Township, der auf einer benachbarten „besseren" Schule inmitten vieler „weißer" und weniger „farbiger" Kinder als erster „schwarzer"* Junge seine Matrik schafft.

---

* Auch im heutigen Südafrika werden im Alltag noch oft die rassistischen Begriffe der Apartheid benutzt: Als „farbig" (coloured) werden jene bezeichnet, deren Muttersprache in der Regel Afrikaans ist und deren Vorfahren entweder als Sklaven kamen oder aus Ehen zwischen „Weißen" und „Schwarzen" hervorgegangen sind. Als „schwarz" (black) werden jene bezeichnet, deren Mutter-

Vom Schulleiter unterstützt, beginnt er eine Ausbildung bei einer Bank. Sonwabiso hat es „geschafft" – er hat die Fesseln der Armut abschütteln können.

Auch Melanie Verwoerd hat „Fesseln abgeschüttelt": Geboren 1967 in eine weiße Burenfamilie, heiratet sie 1987 einen Enkel des „Architekten der Apartheid", des früheren südafrikanischen Premierministers Hendrik Verwoerd (1901–1966). Gemeinsam mit ihrem Mann bricht sie mit den konservativen und rassistischen Traditionen ihrer Herkunft und schließt sich der damaligen Befreiungsbewegung African National Congress (ANC) an. 1994 gehört sie dem ersten demokratisch gewählten Parlament unter Präsident Nelson Mandela (1918–2013) an. Mit 27 Jahren ist sie die jüngste Abgeordnete.

Die erste Begegnung der beiden Autoren dieses Buchs ist eher zufällig: Melanie besucht eine Lesung von Sonwabiso in Kapstadt, muss aber vor Ende der Abendveranstaltung wegen einer anderen Verpflichtung gehen. Ihr ist beim Zuhören jedoch etwas aufgefallen: Sonwabiso und Melanie teilen eine ähnliche Neugier nach Neuem, nach jungen Leuten, die eigene Ideen haben. Ihre gemeinsame Reise quer durch Südafrika zu jenen, die hier oft als die erste Generation der „Frei Geborenen" bezeichnet werden, beschreiben sie selbst in ihrem gemeinsamen Vorwort zu diesem Buch.

---

sprache eine afrikanische ist (z. B. Xhosa oder Zulu) und die sich selbst als die Ureinwohner ansehen („Africans"). Als „Weiße" gelten schließlich diejenigen, die europäische Vorfahren haben, zumeist Englisch oder Afrikaans sprechen und bis 1994 zu den Privilegierten gehörten. Seit 1994 gibt es Bemühungen, die Trennungen nach Hautfarben zu überwinden und alle, die im Land geboren sind und wohnen, als Südafrikaner („South Africans") zu bezeichnen. Die meisten Wohngebiete unterscheiden sich aber noch immer weitgehend nach Hautfarben.

Ihr Buch *Südafrika mit 21* erscheint im Mai 2015 in Südafrika und bekommt viel öffentliche Aufmerksamkeit, wird in den
meisten großen Zeitungen, auch im Radio und Fernsehen vorgestellt. Lebhaft diskutiert werden die bedrückende Situation
vieler zerrissener und von häuslicher Gewalt geprägter Famili-
en und der „Hunger nach Bildung" bei den meisten Interviewten, vor allem aber die Einschätzung der beiden Autoren, dass
es einen Mangel an politischen Engagement gebe, ja, auch dass
Zukunftsvisionen fehlen würden, die über Familie und ein gesi-
chertes Einkommen bei den jungen Leuten hinausgingen.

Im Oktober des gleichen Jahres 2015 werden sie wie viele
andere in Südafrika von einer Jugendbewegung überrascht, die
politischer nicht sein kann: Studentinnen und Studenten, zuerst
an den Universitäten in Johannesburg und Kapstadt und bald
darauf überall im Land, protestieren gegen die Erhöhung ihrer
Studiengebühren. Präsident Jacob Zuma ist zunächst ebenso
sprachlos wie sein Wissenschaftsminister Blade Nzimande. Kurz
darauf schließen sich, was es bisher noch nie gab, einfache Arbeiter in den Unibetrieben ebenso wie das Reinigungspersonal
und Sicherheitsbedienstete den Forderungen der Studenten an
und verlangen ebenfalls Lohnerhöhungen und sichere Arbeits-
verträge. Die Bewegung wird unter dem Namen *# Fees must fall*
(Weg mit den Gebühren) bald international bekannt.

Wohlhabende Studenten solidarisieren sich mit armen Kommilitonen, Eltern unterstützen ihre Kinder. In wenigen Wochen
sehen sich Präsident Zuma und Minister Nzimande gezwungen,
die zehnprozentige Erhöhung der Studiengebühren landesweit
zurückzunehmen.

Der bekannte Pädagogikprofessor und damalige Rektor der
Universität der Provinz Free State, Jonathan Jansen, spricht öffentlich davon, dass die Studentenproteste ein Faktor seien, der
„nicht von heute auf morgen wieder verschwinden" würde. Die

Proteste der Jugend „gehen weit tiefer als nur um ungerechte Gebühren – sie rühren an den seit 1994 ungelösten tiefen Ungerechtigkeiten in der Gesellschaft Südafrikas, die wir entweder endlich radikal anpacken oder die uns keine Ruhe mehr lassen werden."

Ein Journalist sprach wenig später vom „Jugendfaktor", der erneut die Geschichte Südafrika positiv beeinflussen würde. Im Laufe des Jahres 2016, es kann nicht anders sein, erfuhr die *# Fees-must-fall-Bewegung* viele Ernüchterungen, auch Abspaltungen und gewalttätige interne Konflikte, die sie fraglos auch schwächte. Trotzdem wurde die neue Studentenbewegung von der Vereinigung südafrikanischer Journalisten 2016 einstimmig zum „Thema Nummer eins" in der Öffentlichkeit des vergangenen Jahres gewählt.

Kapstadt, im November 2016

Literatur

Chubb, Karin und Lutz van Dijk: *Der Traum vom Regenbogen. Nach der Apartheid. Südafrikas Jugend zwischen Wut und Hoffnung.* Reinbek: Rowohlt 1999.

Maloni, Mbu: *Niemand wird mich töten.* Wuppertal: Peter Hammer 2011 (2. Aufl. 2014).

Ngcowa, Sonwabiso: *Nanas Liebe.* Roman. Wuppertal: Peter Hammer 2014.

Van Dijk, Lutz: *African Kids. Eine südafrikanische Township-Tour.* Wuppertal: Peter Hammer 2010 (3. Auflage 2015).

Dr. Lutz van Dijk, geboren 1955 in Berlin, später Lehrer in Hamburg und Mitarbeiter der Anne-Frank-Stiftung in Amsterdam, lebt seit 2001 in Kapstadt. Er ist Autor u. a. von *Themba* (11. Aufl. 2016, verfilmt fürs Kino 2010), *African Kids* (3. Auflage 2014) und *Afrika – Geschichte eines bunten Kontinents* (2. Auflage 2016). Von 2001 bis 2015 war er Kodirektor der südafrikanischen Stiftung HOKISA (Homes for Kids in South Africa, www.hokisa.co.za) im Township Masiphumelele bei Kapstadt, jetzt weiter als Freiwilliger im HOKISA Team. Mehr unter: www.lutzvandijk.co.za

Melanie Verwoerd wurde 1967 in Südafrika in eine weiße Burenfamilie geboren. Sie heiratete mit 20 den Enkel des Apartheid-Architekten Hendrik Verwoerd. Die Anhängerin des ANC wurde bei den ersten demokratischen Wahlen
in Südafrika 1994 als jüngstes weibliches Mitglied ins Parlament gewählt. 2001
wurde sie Botschafterin Südafrikas in Irland. Von 2007 bis 2011 war sie Execu-
tive Director von UNICEF Ireland und wurde mit dem *Irish Tatler* als *International Woman of the Year* geehrt. Heute lebt Melanie Verwoerd in Kapstadt und ist
als Autorin, politische Kommentatorin und Beraterin für verschiedene NGOs
tätig.

Sonwabiso Ngcowa, 1984 in Mpozisa im Ostkap Südafrikas geboren, wuchs im
Township Masiphumelele bei Kapstadt auf. Er arbeitete als Bankangestellter,
bevor er 2011 ein Studium der Human- und Sozialwissenschaften an der Universität von Kapstadt aufnahm. Ngcowa schreibt in seiner Muttersprache Xhosa
und in Englisch, veröffentlicht Romane und Kurzgeschichten, schreibt als
Rezensent für die *Cape Times* und arbeitet als Mentor in Schreibwerkstätten für
Jugendliche. *Nanas Liebe* (*In Search of Happiness*, Kapstadt 2014) war sein erster
ins Deutsche übersetzte Roman.

Die Originalausgabe erschien 2015 unter dem Titel „21 at 21" im Verlag Missing
Ink in Vlaeberg, Südafrika.

© Melanie Verwoerd
© Sonwabiso Ngcowa
© Peter Hammer Verlag GmbH, Wuppertal 2017
Lektorat: Gudrun Honke
Umschlaggestaltung: Magdalene Krumbeck, unter Verwendung eines Fotos
von © mauritius images / Alan Gignoux / Alamy
Satz: Graphium press, Wuppertal
Druck: CPI, Leck
ISBN 978-3-7795-0563-1
www.peter-hammer-verlag.de